Kira Gembri

Das geheime Leben der Tiere
Nuru und Lela – Das Wunder der Wildnis

Bisher erschienen:

Lebensraum „Ozean"
Band 1: Minik – Aufbruch ins weite Meer
Band 2: Minik – Der Ruf der Arktis

Lebensraum „Wald"
Band 1: Die weiße Wölfin
Band 2: König der Bären

Lebensraum „Savanne"
Band 1: *Nuru und Lela – Das Wunder der Wildnis*

Inhalt

1. Kapitel:

Angeknabberte Ohren

Der Angriff kam aus heiterem Himmel.

Nuru hatte mit halb geschlossenen Augen gedöst und kaum auf seine Umgebung geachtet. So merkte er nicht, wie die beiden hinter einem Felsen hervorkamen. Er hörte nur ein kurzes Rascheln im trockenen Gras, dann stürzten sie sich auf ihn: zwei Löwen, die ihn bissen und mit ihren Pranken nach ihm schlugen.

Oder, um genau zu sein: zwei winzige Fellbündel, aus denen irgendwann einmal richtige Löwen werden sollten.

„Hab ich dich!", fiepte Sadiki und packte Nurus Ohr.

„Jetzt fress ich dich!", maunzte seine Schwester Binti und zwickte in Nurus Pfote.

Mit einem Fauchen versuchte Nuru, die Zwillinge abzuschütteln, aber ohne Erfolg. Wieder spürte er ihre spitzen kleinen Zähnchen, während sie jubelten:

„Mh, lecker Oooohr!"

„Mh, lecker Pfoooote!"

„Jetzt reicht's." Nuru drehte sich auf den Rücken und verteilte Tatzenhiebe, bis sein Cousin und seine Cousine endlich von ihm abließen. Nicht zu fassen, wie kräftig sie schon waren! Dabei hatte ihre Mutter, Nurus Tante Penda, sie erst vor wenigen Tagen zum Rudel gebracht. Die ersten zwei Monde waren sie irgendwo im Gebüsch versteckt gewesen, und Tante Penda hatte sich allein um sie gekümmert. Angeblich, weil sie noch zu zerbrechlich gewesen waren, um mit anderen zu spielen.

Zu zerbrechlich, von wegen! Seit ihrer Ankunft im Rudel hatten Binti und Sadiki nichts anderes im Sinn gehabt, als zu raufen. Nuru konnte sich nicht daran erinnern, dass er sich in ihrem Alter genauso aufgeführt hatte. Nein, vollkommen ausgeschlossen. Er war schon vor fünf Monden ein ernsthaftes Mitglied des Flussrudels gewesen. Würdevoll. Majestätisch.

Andererseits ...

„LECKER, COUSIN!", platzte es aus Nuru hervor, und er warf sich auf Sadiki. Der quiekte begeistert, während sie gemeinsam durchs Gras rollten. Die zwei großen Löwinnen schauten im Schatten des Akazienbaums entspannt dabei zu. Spielen war wichtig, um alles zu lernen, was ein Erwachsener können musste: anpirschen und springen, zupacken und beißen. Es störte die Löwinnen nicht einmal, wenn die Jungen ihre Fähigkeiten an ihnen ausprobierten. Als Binti den riesigen Kopf ihrer Mutter zwischen die Vorderpfoten nahm, um ein bisschen daran zu nagen, leckte Penda sie einfach ab.

„Nicht!", quietschte Binti. „Nicht putzen! Bin gefährlich!"

„Schmutzig bist du." Ungerührt fuhr Penda fort, das wollige Babyfell ihrer Tochter zu striegeln.

Die Zwillinge waren voller dunkler Flecken, die erst mit der Zeit verblassen würden. Auch bei Nuru sah man dieses Babymuster noch. Aber er bildete sich seit Kurzem ein, dichten Flaum an seiner Brust zu erkennen, wenn er nach unten schielte. Ein Flaum, der sich hoffentlich bald in eine prächtige Mähne verwandeln würde! Man musste bloß sehr genau hinschauen, um ihn zu bemerken – nur leider tat das niemand außer ihm selbst. Als Tante Oyana ihn zu fassen bekam, fuhr sie mit ihrer rauen Zunge direkt über Nurus Mini-Mähne hinweg.

„Du hast ebenfalls eine Wäsche nötig, kleiner Prinz", brummte sie gutmütig. Nuru strampelte, wehrte sich aber nicht ganz so heftig, wie er es bei seiner Mutter getan hätte. Auf dem Rücken liegend, betrachtete er die große Narbe im Gesicht seiner zweiten Tante. Auch Oyana war vor einer Weile fortgegangen, um ihre Jungen zu bekommen, doch anders als Penda war sie allein zurückgekehrt. Mit nichts als einer Verletzung, die ihr quer über die Wange reichte. Als Nuru sie fragte, wo ihre Babys geblieben waren, antwortete sie bloß: „Das Leben ist gefährlich. So ist es, so war es, und so wird es immer sein."

Ihre Wunde war inzwischen wieder verheilt, aber ihr Gesicht sah wegen der Narbe ein bisschen schief aus. Dadurch machte Oyana einen grimmigen Eindruck, obwohl niemand sanfter und freundlicher war als sie. Um die Jungen des Flussrudels kümmerte sie sich fast so, als wären es ihre eigenen Kinder. Die Zwillinge durften sogar bei ihr trinken, wenn Penda gerade auf der Jagd war. Binti und Sadiki konnte man mit Milch noch vollkommen zufriedenstellen, und manchmal beneidete Nuru sie darum. Er selbst hatte sich in letzter Zeit so sehr an Fleisch gewöhnt, dass sein Magen schon beim Gedanken daran schmerzhaft grummelte.

Hunger. Dieses Gefühl war genauso neu wie Nurus Mähnenflaum. Vielleicht gehörte es auch zum Erwachsenwerden? Aber wenn das stimmte, wäre Nuru freiwillig noch länger ein wolliges, mähnenloses Baby geblieben.

Er schreckte hoch, als in der Ferne ein heiseres Geräusch ertönte. Dieser Laut, irgendwo zwischen einem Grunzen und einem kurzen Brüllen, hätte ihn wahrscheinlich sogar aus dem Tiefschlaf gerissen. Aufgeregt ließ er den Blick über das Meer aus trockenen Halmen wandern. So rief nur seine Mutter

Salama – und da war sie auch schon: eine große, schlanke Gestalt, so goldgelb wie die Savanne. Als Salama nur noch wenige Löwenlängen von dem Rudel entfernt war, beschleunigte sie ihre Schritte. Sie trabte direkt auf Penda und Oyana zu, und die Löwinnen rieben fest die Köpfe aneinander. Dann ließ Salama sich mitten zwischen die anderen fallen. Sie zog Nuru mit den Pranken an sich, und auch er wurde ausführlich geknuddelt. Normalerweise mochte er es, dass die Jägerinnen bei ihrer Rückkehr alle begrüßten, als wären sie eine halbe Ewigkeit voneinander getrennt gewesen. Aber heute machte ihn das Grummeln in seinem Bauch ungeduldig.

„Mama!" Mit einem leisen Murren wand er sich aus ihrem Griff. „Erzähl schon, hast du was gefangen?"

Doch insgeheim kannte er die Antwort bereits. Wenn hier irgendwo in der Nähe köstliche Beute lag, hätte Salama ihr Rudel gleich dorthin geführt, statt sich unter dem Baum auszustrecken. Sie roch auch kein bisschen nach Fleisch. Trotzdem schnüffelte Nuru weiter hoffnungsvoll an ihr, bis sie ihn mit der Nase ein wenig von sich wegschubste.

„Diesmal nicht, Nuru. Ich bin ganz nah an eine Gazelle herangekommen, aber sie ist mir entwischt."

„Oh." Enttäuscht sackte Nuru in sich zusammen.

Binti, die inzwischen fertig geputzt war, schaute frech zu ihnen herüber. „Will auch Gazellen jagen", verkündete sie, obwohl sie noch nie eine Gazelle gesehen hatte – jedenfalls keine lebendige. „Würd mich anschleichen, ganz, ganz nahe, ganz, ganz leise und dann: happs!"

„Von wegen", sagte Nuru und zog schnell die Pfoten ein. Wenn seine Cousine *happs* machte, konnte das ziemlich unangenehm werden. „Als ob du dich schon richtig anschleichen könntest! Du trampelst ja herum wie ... wie eine Hyäne!" Das hatte gesessen, dachte Nuru.

Die Zwillinge aber platzten fast vor Begeisterung. „Jaaa", jubelte Binti, krümmte den Rücken und watschelte extra ungeschickt durchs Gras. „Ich bin eine Hyäne! Eine hässliche, hinkende ..."

„... grässliche, stinkende ...", fiel Sadiki mit ein.

„… grauselig-gruselige HYÄNE!" Ausgelassen sprang Binti nach vorn, geradewegs auf ein dunkles Büschel zu, das hinter dem Baumstamm hervorlugte.

„Binti, nein!", fauchte Penda, aber es war schon zu spät. Nurus Cousine biss herzhaft in die Haarquaste, und das Rudel hielt vor Schreck den Atem an.

Die Quaste, in die Binti gebissen hatte, gehörte zu keiner der drei Löwinnen. Sie gehörte dem ruhenden König.

2. Kapitel:

Der König des Flussrudels

„ROAAAR!"

Mit einem Brüllen fuhr König Akida hoch. Es kam Nuru vor, als verdunkelte seine Mähne den Himmel. Sie war ein Zeichen für Akidas Stärke: Nur die mächtigsten Löwen bekamen so dichte schwarzbraune Mähnen, und der König ertrug es, dass die Sonne ihn deshalb besonders quälte.

Was er allerdings gar nicht ertragen konnte, war eine gestörte Mittagsruhe. „Wie kannst du es wagen?", fuhr er Binti an, die vor Schreck zu einem winzigen Häufchen zusammenschrumpfte.

„'tschuldigung. Deine Quaste hat wie ein Grasbüschel ausgesehen", maunzte sie. „So ... grasig und büschelig ..."

„Das meine ich nicht", knurrte Akida und zog auf einer Seite die Lefze hoch, sodass ein gewaltiger Fangzahn sichtbar wurde. „Wir vom Flussrudel vergleichen uns nicht mit Hyänen, hast du verstanden?

Das sind unsere schlimmsten Feinde! Kein Löwe ist dermaßen hinterhältig, feige und dumm! Nun lass mich gefälligst in Ruhe schlafen, statt meine Kräfte mit solchen Albernheiten zu verschwenden." Drohend starrte er das erschrockene Binti-Häufchen an, bevor er sich wieder unter den Baum legte.

Binti verkrümelte sich zu ihrer Mutter, aber nicht so schnell, wie Nuru es an ihrer Stelle getan hätte. Wahrscheinlich überlegte sie, warum Akida anders auf Neckereien reagierte als Penda. Immerhin war er der Vater aller Jungen, die im Flussrudel geboren wurden. Aber Nuru hatte bereits gelernt, dass es zwischen Löwenmüttern und Löwenvätern gewaltige Unterschiede gab: Salama beschützte ihn so gut wie möglich vor Hunger und Durst, vor Hitze, Kälte und Einsamkeit. Akida beschützte ihn vor ... allem anderen. Ganz genau wusste Nuru zwar nicht, was das sein könnte. Doch er musste nur in Oyanas vernarbtes Gesicht sehen, um sich zu erinnern, dass es dieses *Andere* gab. Solange Akida bei ihnen war, würden solche Gefahren niemals an sie herankommen.

Dieser Gedanke beruhigte Nuru so sehr, dass er auch mit leerem Magen bald eindöste. Die Tage verbrachte das Rudel meist schlafend, erst die Kühle der Dämmerung ließ sie munter werden. Als Nuru das nächste Mal erwachte, stand die Sonne allerdings noch über dem Horizont. Benommen schaute er sich um und sah Akida, der am Stamm der Akazie stand. Ein Scharren ertönte, als er seine Pranken die Rinde hinabgleiten ließ. So schärfte er seine Krallen, aber Nuru ahnte, dass noch mehr dahintersteckte als Pfotenpflege. Der König machte sich für einen ausgedehnten Streifzug bereit.

Salama schien dasselbe zu denken. Alarmiert hob sie den Kopf und stieß ein leises, grummelndes Geräusch aus. „Du gehst?", fragte sie.

Akida streckte sich und schüttelte seine Mähne. „Ja, ich muss die Grenzen des Reviers ablaufen. Das wird eine Weile dauern."

„Kann ich mir vorstellen." Salamas Grummeln wurde lauter. „Wie weit reicht das Revier eigentlich schon? Bis dorthin, wo Himmel und Erde sich berühren?"

Der König fuhr zu Salama herum. Plötzlich waren die Rückseiten seiner Ohren nach vorn gedreht und die Augen weit geöffnet – alles Zeichen für seine Verärgerung. „Und wenn es bis zur Sonne hinaufreichen würde, wäre das für dich nur ein Grund zur Freude", entgegnete er scharf. Auch Nuru, der sich instinktiv geduckt hatte, verstand seine Mutter nicht. Auf ein großes Revier sollte man stolz sein, vor allem, wenn man zu einem eher kleinen Rudel gehörte. Das war ein weiterer Beweis für Akidas Macht!

Aber Salama gab sich nicht zufrieden. Sie erhob sich, um die zornige Haltung des Königs nachzuahmen, und knurrte sogar dabei. Nuru erschrak. Was war denn nur mit ihr los? Sie konnte doch den Anführer nicht so offen herausfordern!

„Warum reicht dir dieses Gebiet hier am Fluss nicht?", bohrte Salama nach. „Das ist ein Ort, um den uns viele beneiden. Wir sollten lieber gut darauf achtgeben, statt in einem unkontrollierbar großen Revier herumzustreunen!"

„Wir?!" Akidas Schwanz peitschte durch die Luft. „Es ist Sache des Königs, sein Revier zu bewachen. So ist es, so war es, und so wird es immer sein! Kümmere *du* dich lieber darum, dass wir hier nicht verhungern, obwohl ich dir ein derart großes Reich voller Beutetiere erobert habe!" Mit strengem Blick fixierte er Salama, und Nuru begann zu zittern. Mittlerweile waren auch die anderen erwacht und verfolgten stumm die Auseinandersetzung. Als Salama zurückwich, schienen alle erleichtert aufzuatmen. Grußlos brach Akida zu seiner Wanderung auf, und Nuru sah aus der Ferne, wie er sein Gesicht an einem Strauch rieb. Dann drehte der König sich um und spritzte einen Strahl auf die Zweige. Das war sein Markenzeichen, seine Botschaft an mögliche Feinde: *Hier herrsche ich – wagt es ja nicht, das infrage zu stellen.* Diesmal hatte Nuru allerdings das Gefühl, dass es auch eine Warnung an seine Mutter sein sollte.

Salama machte keine Anstalten, sich wieder hinzulegen. Sie wartete nur, bis Akida außer Sichtweite war, dann entfernte sie sich ebenfalls vom Rudel. Nach ein paar Schritten hielt sie allerdings noch einmal inne und drehte den Kopf.

Nurus Herz vollführte einen Satz. Wenn seine Mutter das Rudel verließ, ohne sich nach ihm umzusehen, war das ein eindeutiger Befehl. Dann musste er an derselben Stelle ausharren, bis sie wiederkam. Aber seit er kein Baby mehr war, durfte er sie manchmal begleiten. Gespannt wartete er, wie Salama sich entscheiden würde, bis er endlich ihren Lockruf hörte: ein leises, heiseres *Wuh*. Sofort war er auf den Pfoten und stürmte seiner Mutter hinterher. „Gehen wir jagen?", fragte er aufgeregt. „Wir fangen uns jetzt was, hab ich recht?"

„Nein, Nuru", erwiderte Salama und setzte sich wieder in Bewegung. „*Ich* gehe jagen, und *du* gehst fressen. Während große Könige fort sind, werden kleine Prinzen hoffentlich satt."

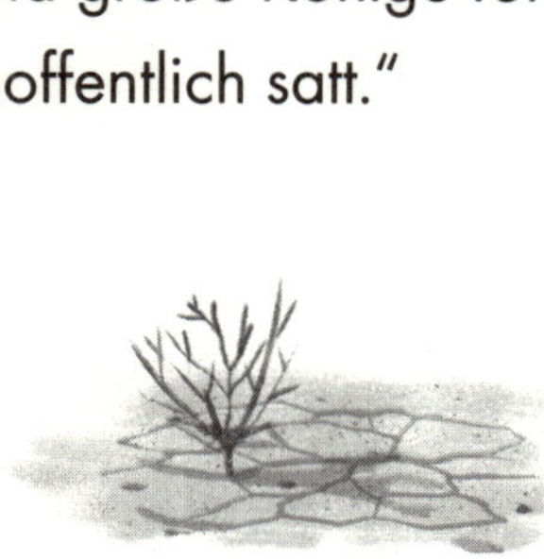

3. Kapitel:

Jagd-Geheimnisse

Das Gras raschelte unter ihren Pfoten. Stellenweise war der Boden so trocken, dass ihre Schritte kleine, leuchtende Staubwolken hochwirbelten. Von der Abendsonne wurde alles in einen besonderen Glanz getaucht.

Immer wieder stoppte Salama, um zu lauschen. Sie schien zwischen dem Flüstern der Halme, dem Insektenzirpen und dem Vogelgezwitscher irgendetwas zu hören, das Nuru entging. Still zu sein und sich zu konzentrieren war sowieso nicht seine Stärke. In seinem Inneren kribbelte es wie von tausend Ameisen, und er machte ein paar Luftsprünge.

„Pst", warnte ihn Salama. „Erinnere dich, was deine wichtigste Regel auf Jagdausflügen ist: Du sollst da sein, aber nicht bemerkt werden."

„Wie meine Mähne?"

Belustigt rieb Salama ihre Wange an Nurus. „Ganz genau wie deine Mähne, die tatsächlich *sehr* unauffällig ist. Darin besteht das Geheimnis einer gelungenen Jagd."

Das klang nicht besonders spannend, fand Nuru. „Jagen ist doch vor allem Verfolgen, Einholen und Springen!", protestierte er.

„Man muss auch schnell sein, das stimmt", räumte Salama ein. „Aber auf längerer Strecke ist das furchtbar anstrengend, und normalerweise sind wir nicht schneller als die Grasfresser. Unsere schweren Pranken sind zum Packen und Festhalten da, nicht so sehr zum Rennen. Wenn wir Beute machen wollen, müssen wir sie also überraschen."

„Warum haben wir dann nicht gewartet, bis es dunkel ist?"

„Weil die Beutetiere, auf die ich es abgesehen habe, nachts in Erdhöhlen schlafen. Dann würden wir sie gar nicht finden. Aber jetzt habe ich eine Ahnung, wo sie sein könnten!" Salama beschleunigte ihre Schritte, und Nuru lief eilig hinterher. Ihm war klar, dass seine Mutter ihn zum Fluss hinunterführte. Der wand sich wie eine braune Schlange quer durch Akidas Revier, und von ihm hatte das Rudel seinen Namen. Obwohl schon lange kein Regen mehr fiel, gab es hier immer noch reichlich Wasser. Nuru hätte gern ein bisschen getrunken, doch Salama hielt ihn zurück. Geduckt schaute sie über das hohe Gras hinweg zum Ufer. Dort bewegte sich etwas hin und her, Ohren wackelten, braune Mähnenhaare flatterten im Wind.

Ein Warzenschwein! Nein, gleich mehrere! Jetzt nahm auch Nuru ihren Geruch wahr, und das vorfreudige Kribbeln in seinem Inneren verwandelte sich in ein Brennen. Gierig streckte er sich immer höher, bis Salama ihn mit der Pranke wieder zu Boden drückte.

„Vorsicht! Warzenschweine können unheimlich gut hören, also kommt man nur schwer an sie heran. Und sie sind flinker, als man es ihnen zutrauen würde!"

Nuru spähte zweifelnd durch die gelben Halme. Die Schweine trotteten sorglos am Ufer entlang, schnupperten hier und da, grunzten und wedelten mit den Schwänzen. Wie es aussah, ahnten sie überhaupt

nichts von der drohenden Gefahr. Außerdem hatten sie dicke Bäuche und dazu lächerlich dürre Beine. Wie sollten sie damit einer Löwin entwischen können?

Ungeduldig machte Nuru einen Schritt nach vorn – da hoben sich auf einen Schlag alle warzigen Köpfe. Die Schweine schauten die Uferböschung hinauf, und nun hielten sie Ohren und Schwänze ganz still. Angestrengt versuchten sie, jemanden im hohen Gras zu erkennen. Allerdings waren sie dafür wohl zu kurzsichtig, und der Wind wehte zum Glück nicht in ihre Richtung. Ein quälend langer Augenblick verging, dann schienen sich die Schweine zu beruhigen. Ihre Schwänze wackelten wieder, und sie setzten ihren Spaziergang fort.

Nuru musste sich sehr zusammenreißen, um vor lauter Anspannung nicht zu miauen. *Entschuldigung*, bat er Salama mit seinem Blick.

Salamas goldene Augen zuckten kurz zu ihm, ehe sie sich wieder auf die Beute richteten. *Warte*, schien sie sagen zu wollen. *Warte einfach nur ab ...*

Und dann taten die Schweine endlich das, worauf Salama wohl die ganze Zeit gehofft hatte: Sie steuerten geradewegs auf eine schlammige Stelle am Ufer zu.

Dort tappten sie hinein und begannen, sich unter lauten Matschgeräuschen zu suhlen. Ohne zu zögern, pirschte Salama los. Nuru sah das Auf und Ab ihrer Schulterknochen bei jedem Schritt, während sie vorwärtsschlich. Ihr ganzer Körper war in geschmeidiger Bewegung, bloß den Kopf hielt sie immer auf derselben Höhe. Ihr Blick war wie ein Seil und zog sie unaufhaltsam zu ihrer Beute. Als sie den Schweinen schon ganz nahe war, duckte sie sich noch tiefer, bis ihr Bauch fast den Boden berührte.

Bei diesem Anblick begriff Nuru erst so richtig, was Salama ihm zuvor erklärt hatte. Das war es, worauf es beim Jagen ankam: Man musste vollkommen unscheinbar werden. So unscheinbar, dass man fast gar nicht mehr existierte. Salama war nun eins mit dem Abendlicht, mit der flimmernden Luft und dem Gras. Für die Dauer einiger Herzschläge verharrte sie zwischen den Halmen ... dann preschte sie los. Mit weiten Sprüngen jagte sie auf die Schweine zu, die quiekend auseinanderstoben. Allerdings gab es am Ufer nicht viele Fluchtwege. Die Schweine mussten einen Bogen um Salama schlagen, ehe sie die Böschung hinaufgaloppierten. Ihre Pinselschwänze hielten sie dabei steil in die Luft gestreckt. So konnte Nuru sie auch noch sehen, als sie es bis ins hohe Gras geschafft hatten. Verflixt, die waren ja wirklich schnell! Lange würde Salama dieses Tempo nicht durchhalten, so viel stand fest. Mit letzter Kraft machte sie einen Satz, die Pranken weit nach vorn gestreckt. Gleich darauf wurde sie von den Halmen verschluckt, und die Pinselschwänze sausten in unerreichbare Ferne davon.

Stille legte sich über das Flussufer. Hatte Salama aufgegeben? War sie vielleicht sogar verletzt? Nuru musste an die spitzen Eckzähne der Warzenschweine denken, und an das vernarbte Gesicht von Tante Oyana. Als er es nicht mehr länger aushielt, schlich er zu einem nahen Termitenhügel und kletterte hinauf. Mit klopfendem Herzen blickte er zu der Stelle, wo er Salama zuletzt gesehen hatte.

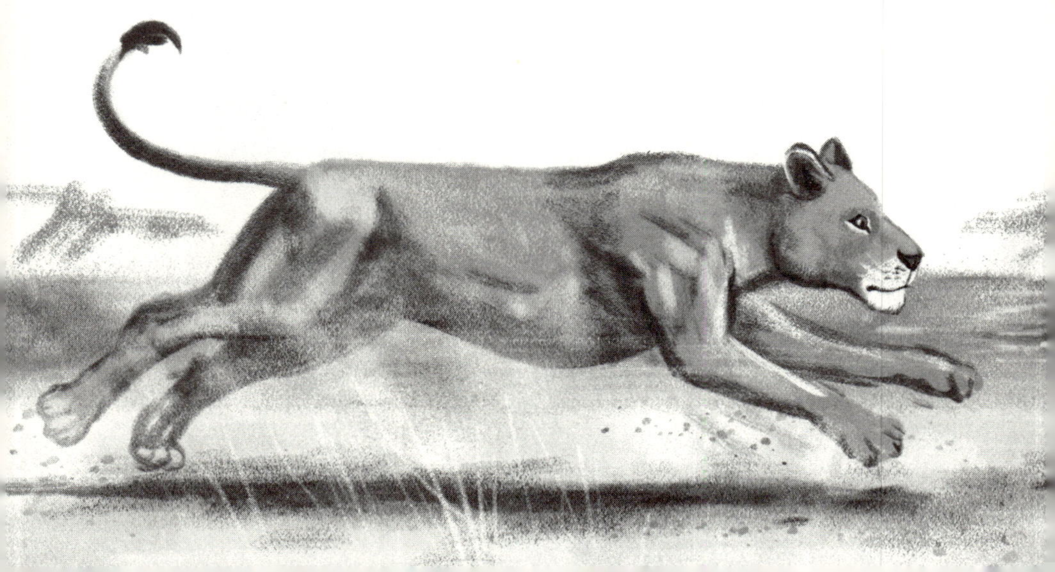

Da war sie, zusammengekauert auf dem Boden. Ihre Flanken bewegten sich heftig, und sie holte ein paarmal tief Luft – dann begann sie zu fressen.

Vor Freude wäre Nuru um ein Haar von dem Hügel gepurzelt. FUTTERFUTTERFUTTER, hallte es durch seinen ausgehungerten Körper. Obwohl Salama ihn noch nicht gerufen hatte, flitzte er los, und das Gras peitschte über seine Wangen. Erst knapp vor dem erlegten Schwein wurde er langsamer und wartete auf ein mahnendes Knurren. Erwachsene mussten sich als Erste satt fressen, das wusste er. Wenn die Eltern keine Kraft mehr hatten, war ein Junges auch mit vollem Bauch verloren.

Doch Salama tat, als wäre sie ganz und gar in ihre Mahlzeit vertieft, und achtete nicht auf Nuru. Dabei musste sie seinen sehnsüchtigen Blick längst bemerkt haben. So sagte sie ihm auf Löwenart: *Mach, was du willst, mein Kleiner. Meinetwegen: Hau rein!*

Mehr Aufforderung brauchte Nuru nicht. Begeistert stürmte er zu dem Riss, schlug seine Zähne hinein, zog und zerrte und verschlang alles, was er erwischen konnte. Oh, das war so viel besser als Milch. So viel besser als alles, was er in seinen Babytagen jemals erlebt hatte! Er merkte kaum, dass Salama aufgehört hatte zu fressen. Dann kam es plötzlich doch: das leise, warnende Knurren.

Erschrocken hob Nuru den Kopf. Seine Mutter saß kerzengerade neben ihm, mit weit aufgerissenen Augen und angelegten Ohren. Sie lauschte, aber nicht so vorfreudig wie zu Beginn der Jagd. Nein, die erfahrenste, tapferste Löwin des Flussrudels war eindeutig nervös.

Nuru entfuhr ein krächzendes Maunzen. „Mama, was ist ..."

„Still!" Salama duckte sich, während abermals ein dumpfes Grollen aus ihrer Kehle drang. Es hörte sich so beunruhigend an, dass Nuru seinen Hunger vergaß. Trotzdem brauchte er eine Weile, um zu begreifen, was seine Mutter meinte: Da waren seltsame, unheimliche Geräusche in der Dämmerung ... ein Johlen, ein Kreischen ... und sie kamen näher.

Hastig versetzte Salama ihm einen Stoß. „Lauf!", befahl sie. „Zu der Stelle, wo du vorhin gewartet hast. Schnell, versteck dich!"

Nuru hatte keine Zeit zu überlegen. Wie von selbst rannten seine Pfoten los und trugen ihn zurück zur Uferböschung. Dort kauerte er sich ins hohe Gras. Versteckt zu bleiben war wohl das Allererste, was er als Baby gelernt hatte. So gern er auch an der Seite seiner Mutter geblieben wäre – sein Instinkt erlaubte es ihm nicht. Atemlos spähte er an den Halmen vorbei zu Salama.

Die kauerte noch immer über dem Riss, als wollte sie ihn mit ihrem ganzen Körper beschützen. Wütend fletschte sie die Zähne, während mehrere Gestalten auf sie zukamen. Ihre schrillen Rufe waren lauter als das Knurren der Löwin, und sie schienen überall zu sein. Es dauerte nur einen Augenblick, bis Salama und ihre Beute von einem Dutzend Hyänen umzingelt waren.

4. Kapitel:

Die Räuber

Sie waren noch schlimmer, als Nuru sie sich vorgestellt hatte.

Aus der Ferne hatte er hin und wieder Hyänen gesehen, und auch ihre gellenden Stimmen waren ihm nicht neu. Aber jetzt, nur wenige Löwenlängen entfernt, kamen sie ihm wie die allerscheußlichsten Ungeheuer vor. Kichernd umringten sie Salama, starrten aus gierigen, tief sitzenden Augen auf das Warzenschwein, und ihre Hälse schienen dabei immer länger zu werden.

„Nette Beute hast du da“, höhnte eine von ihnen.

„Eine ganz wunderbare Beute.“

„Viel zu schön, um sie nicht zu teilen!“ Die dritte Hyäne wagte sich noch weiter vor als die anderen. Sie war besonders groß und kräftig, und auf ihrem Rücken wuchs eine orangefarbene, struppige Mähne. Ob das der Anführer war? Oder die Anführerin? Nuru hätte unmöglich sagen können, welche Hyänen männlich und welche weiblich waren. In seinen Augen wirkten ihre Körper alle gleich: hässlich und unförmig.

„Ich habe nicht vor zu teilen!", fauchte Salama. „Die Beute reicht kaum für mich allein!"

„Was für eine Verschwendung", keckerte die Anführer-Hyäne. „Von uns könnten gleich mehrere fressen. Wir würden nicht satt werden, aber wir würden es auf jeden Fall genießen. Vielleicht ist dir das ein kleiner Trost?"

„Nein!" Salama schlug brüllend nach einer einäugigen Hyäne, die bereits an dem Warzenschwein geschnüffelt hatte. Überraschend flink wich die Hyäne zurück, dann brach sie in irres Giggeln aus.

„Daneben, daneben, du kannst mir keine kleben!"

„Du kriegst uns nie im Leben!", spottete eine andere Hyäne mit zerfleddertem Ohr. Dann schnellte sie vor und zwickte Salama in die Flanke. Als die Löwin herumfuhr, wurde sie prompt auf der anderen Seite gebissen. Nuru spürte, wie sich seine Angst in Zorn verwandelte. Wie konnten sie es wagen, so mit seiner Mutter umzugehen?!

Johlend tänzelten die Hyänen um Salama herum, während sie versuchten, ein Stück der Beute zu erwischen. Wenn Salama auf sie losstürmte, ließen sie sich zwar verscheuchen, aber sie griffen immer wieder von Neuem an. Nuru begriff, dass seine Mutter keine Chance hatte. Nicht, weil eine Hyäne stärker gewesen wäre als sie – nein, es waren zu viele. Und sie würden nicht aufgeben. Fast schien es, als hätten sie sich schon an der Beute festgebissen, ohne sie auch nur berührt zu haben.

Natürlich hatte auch Salama das längst erkannt. Eine Weile kämpfte sie noch und jagte zwei der Hyänen bis zum Fluss hinunter. Doch als sie zurückkam, hatten sich die anderen bereits auf das Warzenschwein gestürzt. Gierig drängten sie sich zusammen und kletterten einander sogar auf den Rücken, sodass die Beute vollends unter ihnen verschwand. Ihr Kichern und Jaulen schmerzte in Nurus Ohren. Er zog den Kopf ein, bis er ganz von Grashalmen umgeben war, dann hörte er undeutlich Salamas Ruf.

Als er sich wieder aufrichtete, sah er, dass sie sein Versteck fast erreicht hatte. „Komm", befahl sie dumpf, „wir gehen."

„Aber –"

„Es hat keinen Zweck, mein Sohn. Lass uns verschwinden, solange sie beschäftigt sind." Salama trottete los, ohne sich noch einmal nach den lärmenden Hyänen umzusehen. Nuru folgte ihr, hielt aber nach wenigen Schritten inne. Er wollte wenigstens einen letzten Blick zurückwerfen – auf die Beute, auf die er seit Tagen so sehr gehofft hatte.

Inzwischen war ein Großteil davon verschlungen worden, aber alles hatten die Räuber noch nicht fressen können. Seltsamerweise standen manche ein wenig abseits, so als hätten sie keinen Hunger mehr. Ihr aufgeregtes Geschnatter verriet jedoch, dass es einen anderen Grund geben musste. Als einer von ihnen sich wieder an die Beute heranwagte, wurde er sofort verscheucht. Die Anführer-Hyäne mit den orangefarbenen Zotteln stand breitbeinig vor einem Stück Fleisch und ließ niemanden näher kommen. Energisch beschützte sie eine kleine Gestalt, die hinter ihr in aller Ruhe fraß.

„Komm!", befahl Salama erneut. Im selben Moment blickte die kleine Gestalt auf, und Nuru sah geradewegs in ihr zufriedenes, blutverschmiertes Gesicht. Dann drängte Salama ihn vorwärts, so entschlossen, dass ihm keine andere Wahl blieb. Mit gesenktem Kopf schlich Nuru neben seiner Mutter davon, während ihre Beute in den Hyänenmägen verschwand.

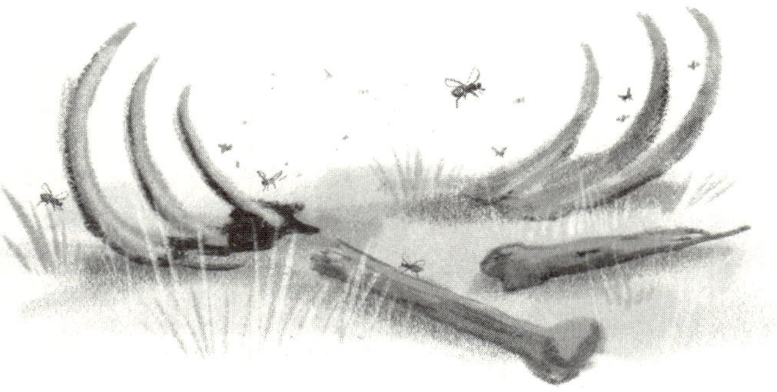

5. Kapitel:

Verbotene Pläne

Der Löwenkönig war außer sich vor Zorn.

„Was habe ich euch gesagt?!", knurrte er, nachdem Salama ihm von dem Überfall erzählt hatte. „Es gibt nichts Schlimmeres als Hyänen! So ungeschickt und dumm sie auch sind, können sie doch *eines* perfekt: uns das Leben schwer machen. Schon viel zu oft haben sie uns die Beute geraubt!" Er stieß ein Brüllen aus, bei dem Binti und Sadiki sich zwischen Tante Pendas Pfoten flüchteten.

Auch Nuru zuckte zusammen, aber gleich danach wurde er von Stolz auf seinen Vater erfüllt. Ja, genau so musste ein richtiger Löwe in diesem Moment toben! Am liebsten hätte Nuru seine Empörung ebenfalls laut herausgebrüllt. Allerdings ging es dem König wohl kaum um den Verlust des Warzenschweins. Er wirkte nicht besonders hungrig, also hatte er sich auf seinem Rundgang durch das Revier vermutlich mit irgendetwas Essbarem versorgt. Aber als mächtigstes Raubtier der Savanne konnte er sich solche Frechheiten nicht bieten lassen, und Nuru sah das ganz genauso. „Kann man denn gar nichts gegen die Hyänen tun?", fragte er vorsichtig. „Ich meine – was, wenn sie uns jetzt immer wieder die Beute klauen ..."

„Dann wird das noch eine sehr lange, sehr magere Trockenzeit", brummte Akida. „Natürlich sollte man etwas gegen diese Biester unternehmen, aber ich habe keine Ahnung, wo sie sich verstecken. Sie schlafen unter der Erde wie feige Beutetiere. Andernfalls hätte ich sie längst aus meinem Revier vertrieben!"

Mürrisch wandte er sich ab und ließ sich auf seinen Platz unter dem Akazienbaum sinken. Er hatte fast die ganze Nacht für seine Wanderung gebraucht, und Nuru konnte sich vorstellen, wie müde er war. Auch Salama kuschelte sich erschöpft zwischen die anderen Löwinnen. Im Schutz der Dunkelheit war jede von ihnen mehrmals losgezogen, doch sie hatten keine Beutetiere gefunden. Jetzt lagen sie Rücken an Bauch, alle in dieselbe Richtung gedreht, und putzten einander träge den Nacken. Nur Binti und Sadiki kamen nicht zur Ruhe.

Die Dämmerung war ihre Zeit – die Zeit des Spiels. Oder, um genauer zu sein: die Zeit, allen anderen gehörig auf die Nerven zu gehen.

„Mama", jammerte Binti und krabbelte quer über ihre Tanten hinweg zu Pendas Bauch. „Hab Hunger. Hab Durst. Mama, Hunger, Durst! Durst, Hunger, Mama!"

Die Antwort war ein gereiztes Knurren, dann folgte ein leichter Pfotenhieb, mit dem Binti von den Zitzen weggeschubst wurde. So etwas kam in letzter Zeit öfter vor, obwohl Penda eine liebevolle Mutter war. Sie ahnte wohl, dass sie nicht mehr viel Milch hatte und mit ihren Kräften sparsam umgehen musste.

Beleidigt hoppelte Binti zu ihrem Bruder, der gerade in einen sehr ernsthaften Kampf gegen ein Grasbüschel verwickelt war. Er hielt es zwischen den Zähnen und beutelte knurrend den Kopf hin und her. Dann ließ er das Büschel fallen und stellte zufrieden fest, dass es sich nicht mehr bewegte.

„Ist erlegt", verkündete er und warf Nuru einen schelmischen Blick zu. „Wenn jetzt eine Hyäne da wäre, dann ..."

„... würdest du vor Angst unter Tante Penda kriechen."

Ärgerlich zog Nuru die Nase kraus. „Ihr habt ja keine Ahnung. Diese Räuber waren richtig ekelhaft und gemein!"

Damit hatte er die Zwillinge offensichtlich beeindruckt – wenn auch nicht so wie erhofft. „Hatten sie spitze Zähne?", bohrte Sadiki nach, und seine Augen glänzten vor Begeisterung.

„Allerdings."

„Und haben sie gestunken?", fragte Binti fasziniert.

„Glaub schon."

„Und hatten sie drei Köpfe, mit denen sie gleichzeitig fressen, beißen und spucken konnten?"

„Äh ... so ähnlich. Jedenfalls wäre ich froh, wenn Akida ihnen mal zeigen würde, wer hier das Sagen hat. Zu schade, dass sie so gut versteckt sind." Nuru legte den Kopf auf die Vorderpfoten, aber die Kleinen ließen nicht locker. Ganz dicht krochen sie zu ihm, und Binti zwickte ihn verschwörerisch ins Ohr.

„Vielleicht könnten wir helfen", maunzte sie mit hohem Stimmchen.

„Beim Hyänenfinden", ergänzte ihr Bruder. „Damit der König alle verscheuchen kann."

„Ausgerechnet ihr wollt Hyänen aufspüren?" Nuru

schnaubte. „Ihr könnt ja schon froh sein, wenn ihr eure eigenen Schwanzspitzen findet!"

Das ließen die Kleinen nicht auf sich sitzen. Eifrig bewiesen sie, dass sie sehr wohl ihre Schwanzspitzen finden *und* hineinbeißen konnten. Allerdings erwischte Binti Sadikis Schwanz und Sadiki Bintis. Schon war wieder eine Rauferei im Gange, und Nuru tat, als wäre er inzwischen tief und fest eingeschlafen.

In Wirklichkeit aber war er hellwach. Der Vorschlag der Zwillinge kreiste durch seine Gedanken und ließ sich einfach nicht abschütteln. Was, wenn er den Bau der Hyänen wirklich aufspürte? Dann würde König Akida diese Räuber für immer verjagen, und der Hunger würde hoffentlich kleiner werden!

Außerdem konnte Nuru auf diese Weise zeigen, dass er schon ein richtiges, vollwertiges Mitglied des Rudels war.

Nuru, der Hyänenfinder, dachte er.

Nuru, der Schrecken aller Räuber.

Nuru, dessen Mähne eigentlich schon sehr, sehr deutlich –

Ertappt riss er die Augen auf, als Salama ihren Kopf an seinem rieb. „Schlaf schön, mein Sohn", murmelte sie. „Ich weiß, du hattest nicht genug zu fressen. Aber deine Tanten und ich wollen heute Abend sehen, ob wir bei einer gemeinsamen Jagd mehr Erfolg haben."

„Ist gut", sagte Nuru schnell. „Ich spiele mit Binti und Sadiki, während ihr weg seid."

Aber er wusste, dass er dieses Versprechen nicht halten würde. Wenn Salama ihn allein ließ, war das nicht die richtige Zeit, mit zwei frechen kleinen Fellbündeln herumzutollen. Es war die Zeit für verbotene Pläne.

6. Kapitel:

Das Versteck

Noch nie war Nuru ein Tag so lang vorgekommen.

Die Sonnenstunden hatten generell nur wenig Abwechslung zu bieten: Meistens standen die Erwachsenen bloß auf, um sich zurück in den Schatten der Akazie zu legen, der ein Stück weitergewandert war. Dann schmiegten sie sich wieder aneinander oder putzten sich gegenseitig das Fell. König Akida hielt gerne etwas Abstand, doch für die anderen gehörte Kuscheln unbedingt dazu. Auch Nuru liebte das Gefühl von Gemeinschaft und Zusammenhalt, das dabei in ihm wuchs. Ein einsamer Löwe war etwas Trauriges, Unnatürliches, und vor allem schwebte er in großer Gefahr.

Nun aber hatte Nuru vor, dieser Gefahr direkt entgegenzulaufen. Kein Wunder, dass es in seiner Brust heftig flatterte! Vor Aufregung bekam er kaum ein Auge zu, bis die Löwinnen sich schließlich erhoben. Noch war es nicht finster, aber auch sie schienen keine

Ruhe mehr zu finden. Gähnend streckten sie sich und schärften ihre Krallen nacheinander am Stamm der Akazie. Penda hatte ihre Jungen mittlerweile trinken lassen, und die beiden waren endlich zufrieden. Zu einem flauschigen Knäuel zusammengerollt, schnarchten sie leise vor sich hin. Auch Nuru stellte sich schlafend. Heimlich beobachtete er, wie Salama dem Löwenkönig zum Abschied einen fragenden Blick zuwarf: „Achtest du auf die Kleinen, während wir weg sind?"

Akida grummelte leise. Kinder zu hüten gehörte nicht unbedingt zu seinen bevorzugten Aufgaben. Trotzdem protestierte er nicht – vielleicht, weil er sich genau wie alle anderen nach einer ordentlichen Mahlzeit sehnte. Oder war er einfach zu schläfrig dafür?

Nuru wartete noch einen Moment, dann wälzte er sich herum. Die Augen seines Vaters waren direkt auf ihn gerichtet, aber fast hinter den Lidern verschwunden. Über Akidas Gesicht krabbelten Fliegen, die einzigen Tiere, die keinen Respekt vor ihm hatten. Er schien sogar zu träge, um sie zu verscheuchen. Sie schwirrten erst in die Luft, als Akidas riesiger Kopf zur Seite kippte: Der Löwenkönig hatte den Kampf gegen die Müdigkeit verloren.

Sofort richtete Nuru sich auf. Sein Herz trommelte so heftig gegen seine Rippen, dass er befürchtete, jemand könnte es hören. Sicherheitshalber schlich er zuerst geduckt, mit eingezogenem Kopf und krummen Beinen. Als weder ein Maunzen noch ein Knurren hinter ihm ertönte, rannte er los.

Geschafft! Der erste Teil seines Plans war ein voller Erfolg! Ausgelassen stürmte Nuru im goldenen Licht dahin. Von jetzt an wusste er genau, was er zu tun hatte: Er würde denselben Weg nehmen wie am vergangenen Abend. Die Hyänen waren verdächtig schnell aufgetaucht, nachdem Salama das Wildschwein gerissen hatte. Vielleicht waren sie nur zufällig in der Gegend gewesen, aber mit etwas Glück befand sich ihr Bau irgendwo am Flussufer. Schließlich hatten sie ein Junges dabeigehabt, und das konnte wahrscheinlich noch keine langen Strecken laufen.

Beim Gedanken an das selbstgefällige Gesicht dieser kleinen Hyäne fühlte Nuru wieder Zorn in sich aufsteigen. Na warte, dachte er und lief mit doppelter Geschwindigkeit weiter. Einmal hast du es geschafft, mir mein Futter vor der Nase wegzuschnappen, aber ein zweites Mal gelingt dir das nicht!

Als er in die Nähe des Flusses kam, wurde er wieder langsamer. Suchend blickte er sich um und schnupperte nach allen Seiten, bis ihm ein paar seltsame Klumpen im Gras auffielen. Igitt, hatten das etwa die Hyänen hinterlassen? Und wieso war es *weiß*? Ungläubig betrachtete Nuru die Häufchen, da fiel ihm etwas ein. Als die Hyänen das Warzenschwein gefressen hatten, war immer wieder ein Knirschen und Knacken zu hören gewesen. Anscheinend hatten sie auch die Knochen verschlungen, und dabei kam wohl ... nun ja ... Blasskacke heraus. Nuru schüttelte sich angewidert, aber er wusste, dass die Klumpen ein gutes Zeichen waren. Nicht nur diese Stelle, auch die gesamte Umgebung roch nach Hyäne. Weit konnte ihr Versteck also nicht entfernt sein.

Die Nase fast auf dem Boden, schlich Nuru weiter durchs raschelnde Gras. An manchen Halmen haftete ein besonders scharfer Duft, und Nuru ahnte, dass die Hyänen dort markiert hatten. Sie bildeten sich also ernsthaft ein, dass dieses Gebiet ihnen gehörte. Dabei lag es mitten im Revier des Flussrudels! Die Empörung ließ Nuru unvorsichtig werden. Gerade wollte er an einer Gruppe von Sträuchern vorbeirennen, da schien sein Herz vor Überraschung zu stolpern. Direkt auf der anderen Seite der Sträucher klaffte ein dunkles Loch im Boden, das vielleicht einmal der Eingang zum Bau eines Warzenschweins gewesen war. Aber der Besitzer hatte eindeutig gewechselt. Rund um die Öffnung erspähte Nuru angenagte Knochen, Hufe und Knäuel von Haaren. Das waren bestimmt Erinnerungen – *hochgewürgte* Erinnerungen – an die letzten Raubzüge der Hyänen!

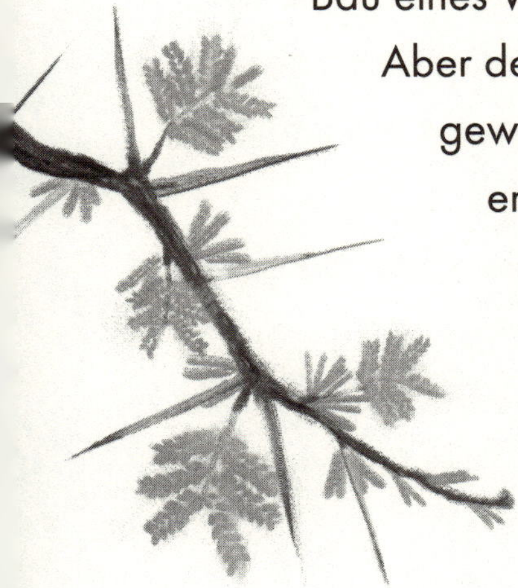

Nuru duckte sich hinter einem tief hängenden Zweig, als aus der anderen Richtung eine bucklige Gestalt auf den Bau zusteuerte. Sie schob ihren Kopf in das Loch, war aber zu dick, um weiter hineinzukriechen. Ein hohes „Wuup!" ertönte, und es klang, als wollte die Hyäne jemanden rufen.

Nur einen Moment später kamen zwei schwarze Winzlinge aus der Öffnung geschossen. Sollten das

Hyänenbabys sein? Sie ähnelten der Erwachsenen kein bisschen, hüpften aber so begeistert um sie herum, wie Binti und Sadiki es taten, wenn ihre Mutter nach einer langen Jagd zurückkehrte. Mit bettelndem Fiepen verfolgten sie die große Hyäne, bis diese sich auf die Seite fallen ließ. Sie hatte nur zwei Zitzen, und sofort hingen die beiden Kleinen daran. Während sie tranken, begann die große Hyäne, sie ausführlich abzulecken.

Genau wie Penda es getan hätte. Oder Salama. Oder jede andere, ganz normale Mutter.

Seltsam benommen hockte Nuru in seinem Versteck.

Er brauchte eine Weile, um sich von dem unerwarteten Anblick loszureißen. Dann bemerkte er, dass etwas abseits noch eine andere erwachsene Hyäne lag. Obwohl sie niemanden gerufen hatte, stürmte plötzlich auch auf sie ein Junges zu. Es war größer als die schwarzen Winzlinge, und Nuru nahm an, dass sich in dem Bau die Kinder aus verschiedenen Würfen aufhielten. Ohne Scheu lief die junge Hyäne zu der älteren und schnappte nach ihr. Aber nicht so, wie Nuru das von den Spielen mit Erwachsenen kannte. Die Kleine schien die Große böswillig zu ärgern, um sie zu vertreiben. Die Große wirkte allerdings nicht empört über diese Frechheit, sondern sprang tatsächlich auf und trollte sich. Zufrieden ließ das Junge sich auf den frei gewordenen Platz fallen und rekelte sich genüsslich im Staub.

Nuru konnte es nicht fassen. Natürlich hatte er gewusst, dass Hyänen feige waren, aber *das* übertraf all seine Vorstellungen. Er versuchte sich auszumalen, wie er König Akida von dessen Lieblingsplatz unter der Akazie verscheuchte – doch es gelang ihm nicht. Das wäre einfach zu verrückt.

Abfällig beobachtete er die erwachsene Hyäne, die

gerade das Weite suchte. Anscheinend hielt sie es für das Beste, mehr Abstand zwischen sich und den Bau zu bringen. Mit eingezogenem Schwanz humpelte sie weiter ins offene Grasland. Nuru drehte den Kopf, um ihr mit dem Blick zu folgen ... und schaute in ein Paar dunkelbraune Augen.

7. Kapitel:
Die kleine Hyäne

Nuru wusste gleich, wer sie war. Diesmal hatte sie zwar kein Blut im Gesicht, aber er erkannte das orangefarbene Büschel zwischen ihren großen, runden Ohren wieder. Wahrscheinlich würde sie irgendwann genauso einen hässlichen Zottelkamm bekommen wie die Anführer-Hyäne, aber jetzt hatte sie noch etwas Welpenhaftes an sich. Anders als bei den Erwachsenen war ihr Fell flauschig, sodass man ihr Tüpfelmuster nur undeutlich sehen konnte, und ihre Beine waren fast schwarz.

„Hallo, ich bin Lela." Neugierig schnupperte sie in seine Richtung. „Und du bist ..."

Nuru fauchte.

„... definitiv ein Erdmännchen", stellte die kleine Hyäne fest.

„Was?!" Vor Verblüffung vergaß Nuru einen Moment lang, die Zähne zu zeigen. „Wie kommst du darauf?"

Lela schnupperte einfach weiter, den Kopf ein wenig

schief gelegt. „Na ja, was könntest du denn sonst sein? So scheu, wie du da hinter den Sträuchern hervorguckst! Andere heimlich zu beobachten ist wohl deine Lieblingsbeschäftigung?"

Als Nuru begriff, was sie damit meinte, begann er wieder zu fauchen. „Du hast mich gestern also auch gesehen – bei eurem gemeinen Überfall!"

Etwas irritiert wackelte Lela mit den Ohren. „Jetzt reg dich doch nicht so auf."

„Ich soll mich nicht aufregen, wenn ihr uns die Beute klaut? Ist das dein Ernst?! Aber mich wundert bei euch gar nichts mehr. Wie's aussieht, habt ihr Hyänen noch nicht mal Respekt vor eurem eigenen Rudel!"

„Also erstens sind wir kein Rudel, sondern ein Clan", verbesserte Lela, während sie sich mit einer Pfote hinter dem rechten Ohr schubberte. „Und zweitens weiß ich echt nicht, was du meinst. Respekt ist bei uns sogar sehr wichtig!"

Nuru zögerte kurz, die Zähne immer noch feindselig gebleckt. Er wollte sich auf keinen Fall weiter mit diesem Hyänenmädchen abgeben – überhaupt wünschte er sich jetzt nichts sehnlicher, als wieder bei seinem Rudel zu sein. Aber wenn er die Flucht ergriff, würde er in Lelas Augen erst recht wie ein Feigling wirken. Also zwang er sich, ihrem frechen Blick standzuhalten. „Ich hab vorhin gesehen, wie eine erwachsene Hyäne von einem Jungen vertrieben wurde", erklärte er widerwillig. „Das nenne ich respektlos!"

Seelenruhig kratzte Lela sich erneut, und Nuru kam der Verdacht, dass sie mindestens so viel Ungeziefer am Körper hatte wie ein Warzenschwein. „Ach, du meinst wohl Azizi! Der hat sich doch genau richtig benommen. Darum hat er meiner kleinen Clanschwester ja Platz gemacht."

Nuru starrte sie an. „Du willst mir erklären, dass die Erwachsenen bei euch weniger Höflichkeit verdienen als die Jungen?"

„Nicht direkt. Aber Azizi ist ein Mann, und bei uns haben nun mal die Frauen das Sagen."

Allmählich hatte Nuru das Gefühl, ihm müssten gleich die Augen aus den Höhlen kullern. Konnte das wirklich stimmen? War also auch die Anführer-Hyäne – die, die Lela beim Fressen beschützt hatte – ein Weibchen? Aber vielleicht wollte Lela ihn ja nur durcheinanderbringen. Das Beste würde sein, er machte ihr schnell seinen Standpunkt klar, bevor er endlich von hier verschwand.

Nuru atmete tief durch und richtete sich zu seiner vollen Größe auf. Zufrieden stellte er fest, dass er Lela ein ganzes Stück überragte. „Ist mir auch egal, wie ihr miteinander umgeht, solange ihr eure stinkenden Mäuler von unserer Beute lasst. Sucht euch jemand anderen, den ihr bestehlen könnt, wenn ihr zu blöd zum Jagen seid!"

Sofort begann Lelas Haltung, sich zu verändern. Eben hatte sie noch entspannt gewirkt, aber jetzt straffte sich ihr gesamter Körper. Die Ohren neigten sich nach vorn, und sie reckte ihren buschigen Schwanz steil in die Luft. „Zu blöd zum Jagen?" Mit hoch erhobenem Kopf funkelte sie Nuru an. „O ja, natürlich sind wir das. Darum fressen wir auch immer nur das, was wir ganz zufällig finden ... Und wo wir schon beim Thema sind: Ich muss los."

Mit einem Ruck wandte sie sich um und stürmte davon. Nuru schaute ihr verdattert hinterher. Was sollte denn das jetzt? Ihr Bau lag doch in der anderen Richtung! Unschlüssig blieb er sitzen und sah aus der Ferne, dass Lela zwischen den Grashalmen herumschnüffelte.

War sie wirklich gerade auf der Suche nach etwas zu fressen? Nurus Magen zog sich sehnsüchtig zusammen. Erst im Nachhinein wurde ihm bewusst, wie gut genährt Lela ausgesehen hatte. Binti und Sadiki wirkten mittlerweile, als wäre ihr Fell zu groß für ihre dünnen Körper, und bei den Erwachsenen konnte man jeden Tag deutlicher die Rippen erkennen. Bestimmt sah Nuru selbst auch nicht besser aus. Wie kam es, dass diese kleine Hyäne so rund und kräftig war?

Einen Moment lang kämpfte Nuru noch mit seinem Stolz, dann setzte er sich in Bewegung. Wenn hier irgendwo essbare Dinge herumlagen, musste er sie unbedingt finden. Womöglich gab es so viel davon, dass er sogar Binti und Sadiki etwas mitbringen konnte!

Zum Glück war es nicht besonders schwierig, Lela zu folgen. Vom Schleichen und Tarnen hatte sie offensichtlich keine Ahnung. Ohne jede Vorsicht wackelte sie dahin, und Nuru sah wieder ganz deutlich, dass an Hyänen einfach *nichts* stimmte. Wieso hatten die bloß längere Vorder- als Hinterbeine? Und was sollte dieser viel zu lange, kräftige Hals? Damit konnte man ja gar nicht vernünftig laufen!

Allerdings bewies Lela bei ihrem Schweinsgalopp ziemlich viel Ausdauer, das musste man ihr lassen. Nuru war bereits außer Atem – da stieg ihm auf einmal ein neuer Duft in die Nase. Ein köstlicher, verheißungsvoller Duft, der seinen Magen noch wilder rumoren ließ. Er traute seinen Augen kaum, als eine Gruppe weiß-brauner Tiere in Sicht kam. Das mussten die Gazellen sein, nach denen Salama und die Tanten auf der Suche waren! Aber woher wusste Lela davon, und was wollte sie hier? Ein unangenehmes Prickeln erfüllte Nuru, während er hinter ihr auf die Herde zuschlich. Die Gazellen rupften entspannt am Gras oder dösten in der Abendsonne.

Eigentlich hätte ihr Anblick Nuru unbändig freuen müssen, aber etwas war hier faul, das spürte er.

Als ein kurzes, hohes Jaulen ertönte, schaffte er es gerade noch, hinter einem Termitenhügel in Deckung zu gehen. Entsetzt starrte er an dem Hügel vorbei auf mindestens zehn ausgewachsene Hyänen, die sich am Rand der Herde herumdrückten. Verflixt, wie hatte er nur so dumm sein können? Natürlich war Lela nicht losgezogen, um sich allein Futter zu beschaffen. Dafür hatte sie weder ausreichend Mut noch Grips. Sie war bloß der Fährte ihrer Clanmitglieder gefolgt! Schnurstracks lief sie jetzt auf die erwachsenen Hyänen zu und wurde von der struppigen Anführerin in Empfang genommen. „Kleines, was tust du hier?", hörte Nuru sie fragen. „Ich habe dir doch gesagt, dass ich dich rufe, wenn wir fertig sind!"

„Ach, immer in der Kinderstube hocken", maulte Lela. „Dafür bin ich zu alt, und es ist stinklangweilig! Lass mich wenigstens zuschauen, Mama!"

„Also gut." Die Anführerin leckte kurz über Lelas flauschiges Fell. „Schau zu und lerne, Prinzessin."

Beinahe hätte Nuru in seinem Versteck spöttisch gefaucht. Prinzessin? Von wegen! Und was wollten ihr die Großen jetzt beibringen? Wie man Gazellen dumm anglotzt? Oder sich in ihren Kötteln wälzt? Vielleicht taten Hyänen ja sogar richtig eklige Dinge, nur um ihre Mägen zu füllen … Doch als sich die Anführerin zusammen mit zwei Clanmitgliedern in Bewegung setzte, wurde Nuru klar, dass die Hyänen etwas ganz anderes planten. Etwas, das er nie im Leben von ihnen erwartet hätte:

Sie gingen zusammen auf die Jagd.

8. Kapitel:
In der Falle

Zuerst fand Nuru den Anblick einfach nur komisch. Obwohl diese drei Hyänen erwachsen waren, verstanden sie vom Schleichen genauso wenig wie die kleine Lela. Statt in geduckter Haltung durchs Gras zu pirschen, schlenderten sie einfach auf die Herde zu. Ihre Schwänze baumelten locker nach unten, und sie hielten die Köpfe weder besonders tief noch angriffslustig erhoben. Der Unterschied zu einer jagenden Löwin hätte kaum größer sein können. Im Grunde wirkten die Hyänen, als wären ihnen die Gazellen vollkommen egal.

Das Erstaunliche war: Die Gazellen schienen das auch zu glauben. Wäre Salama ihnen so nahe gekommen, hätte die Herde sicher die Flucht ergriffen. Jetzt aber blickten die Tiere nur ab und zu kurz hoch und fraßen dann ruhig weiter.

Na schön, sagte sich Nuru. Sie wissen eben, dass Hyänen nichts draufhaben. Warum sollten sie sich also vor ihnen fürchten? Noch während er das dachte, stürzte die Anführerin plötzlich nach vorn. Sie schoss blindlings in die Herde, ohne auf ein besonderes Tier abzuzielen, und blieb gleich wieder stehen. Regungslos beobachtete sie, wie die Gazellen davonrannten. Es war der ungeschickteste Jagdversuch, den Nuru je gesehen hatte. Selbst Binti und Sadiki hätten das besser hinbekommen! Aber der Anführerin schien das Ganze nicht einmal peinlich zu sein. Während sich die Gazellen allmählich wieder beruhigten, kehrte sie zu ihren Clanmitgliedern zurück und wirkte dabei sogar ausgesprochen zufrieden.

Als Nächstes setzte sich die Hyäne mit dem zerfledderten Ohr in Bewegung, die Nuru schon bei dem Raub aufgefallen war. Auch sie galoppierte in Richtung der Herde und brachte die Gazellen dazu, ein Stück weiterzulaufen. Leichtfüßig stoben sie durchs Gras, nur ein einziges Tier benahm sich ein bisschen auffällig. Es zögerte, sah sich verwirrt um und strauchelte dann. Vermutlich war es sehr alt oder krank.

Ein Gedanke durchfuhr Nuru wie ein Blitz. Hatten die beiden Hyänen die Herde etwa auf die Probe gestellt? Sie hatten beobachtet, wie jede einzelne

Gazelle sich verhielt, und so die perfekte Beute herausgefunden! Jetzt stürmten sie gemeinsam los, und die ausgewählte Gazelle hatte keine Chance. Schon waren die Hyänen bei ihr, packten sie an der Seite und rissen sie zu Boden. Das alles ging so schnell, dass Nuru es kaum fassen konnte. Stocksteif kauerte er immer noch im Gras, als die Jagd bereits vorüber war. Sämtliche Hyänen stürzten sich auf den Riss und begannen, in irrer Geschwindigkeit zu fressen. Dabei zeterten und schimpften sie laut, um sich gegen die anderen durchzusetzen. Die Anführerin packte schließlich einen großen Brocken Fleisch und trug ihn ein Stück beiseite. In diesem Moment begriff Nuru, wie praktisch lange Vorderbeine sein konnten: Ohne auch nur ein einziges Mal zu stolpern, brachte die Anführerin ihre Eroberung in Sicherheit. Lela folgte ihr, und die beiden machten sich genüsslich über das Fleisch her. Sie waren Nurus Versteck jetzt so nahe, dass er ihr Schmatzen hören konnte.

Plötzlich riss die Anführerin den Kopf hoch und sog scharf die Luft ein. Zu spät erkannte Nuru die Gefahr. Ein schauriges, lang gezogenes Heulen ertönte: „Wuuu-up! Schwestern, seht her!"

Nuru erstarrte. Es fühlte sich an, als wäre auch sein Herz für einen Moment ganz still, ehe es panisch zu trommeln begann. Kein Zweifel, die Anführerin hatte ihn bemerkt. Auch die anderen Hyänen drehten sich nun alle in Nurus Richtung. Dann kamen sie näher, die Schwänze, Ohren und Mähnen so aufgestellt, dass sie mit einem Mal viel größer aussahen. Vergeblich rief Nuru seinen Pfoten zu: *Lauft! Nichts wie weg hier, na los!*

Aber er hätte den Hyänen niemals entwischen können. Jetzt wusste er ja, wie schnell sie waren. Also sträubte er nur das Fell und zwang sich zu einem Fauchen, als die ersten Hyänen über den Hügel spähten.

„Was ist das denn?", fragte eine von ihnen.

„Vielleicht unser Nachtisch", keckerte eine andere.

„Ein kümmerliches Häppchen, weiter nichts!", höhnte eine dritte. In der Abenddämmerung sahen ihre blutverschmierten Gesichter wie scheußliche Fratzen aus.

„Kommt bloß nicht näher!", drohte Nuru mit zurückgezogenen Lefzen und presste sich gegen den Termitenhügel.

Die Hyänen brachen in Schnattern und Johlen aus. „Löwenbaby, klitzeklein, möchte gern gefährlich sein!", kreischte die mit dem zerfledderten Ohr. Langsam umkreisten sie ihn, und Nuru begriff, dass sie mit ihm spielten. Noch. Aber wie lange würden sie sich wohl von ihrem Festmahl ablenken lassen?

Mit dieser Frage war er offenbar nicht allein. Zwischen den Stimmen der erwachsenen Hyänen ertönte ein hohes Fiepen: „Mama! Ich hab immer noch

Hunger, können wir jetzt weiterfressen?" Lela spähte zwischen ihren Clanmitgliedern hindurch und begegnete Nurus Blick. Falls sie erkannt hatte, in welcher Gefahr er schwebte, war es ihr bestimmt egal. Wieder begann sie zu quengeln, und ihre Mutter stieß ein mahnendes Brummen aus.

„Später, Kleines. Schau zu und lerne!", befahl sie, genau wie vor der Jagd.

Bloß, dass jetzt *Nuru* die Beute war. Vor Panik wurde seine Kehle so eng, dass er kaum noch atmen konnte. Sein Herzschlag dröhnte in seinen Ohren und vermischte sich mit dem Lärm der Hyänen. Allmählich zogen sie ihre Kreise enger um ihn, während sie gellend durcheinanderriefen. Dann war da plötzlich ein neues Geräusch: ein vielstimmiges Kichern, das aber gar nicht fröhlich klang. Eher nervös. Fast so, als fürchteten die Hyänen sich vor –

„LÖWEN!", schrie Fledderohr. „Richtige, echte Riesenlöwen!"

Die Anführerin wirbelte herum. Im nächsten Augenblick schossen drei gewaltige Schatten an Nuru vorbei. Sie landeten genau zwischen ihm und den Hyänen, und der Boden erzitterte unter ihren riesigen

Pranken. Das Gebrüll, das sie ausstießen, klang für Nuru fremd und vertraut zugleich. Noch nie hatte er seine Mutter und die Tanten so wütend erlebt.

„Zurück mit euch!", tobte Salama. „Lasst meinen Jungen in Ruhe!" Oyana knurrte in Richtung der Anführerin, und Penda schlug mit ihrer Vorderpfote nach Fledderohr.

Die fand anscheinend, dass *ein* kaputtes Ohr ausreichte. Kichernd tänzelte sie nach hinten, und die anderen Hyänen folgten ihr. Nur die Anführerin stand noch einen Moment reglos da. Sie klemmte auch den Schwanz nicht zwischen die Beine wie ihre Clanschwestern. Hoch aufgerichtet starrte sie Salama an, bis Lelas Fiepen wieder ertönte. Die Löwinnen drehten suchend die Köpfe, doch die Anführerin kam ihnen zuvor. Blitzschnell hatte sie ihre Tochter erreicht, schirmte sie mit dem Körper ab und packte wieder ihren Anteil der Beute. Auch die restliche Gazelle war in Windeseile zerrissen worden. Mitsamt den Fleischbrocken liefen die Hyänen davon, und schon bald war ihr schauriges Gekicher verklungen. Von der Gazelle blieb nichts weiter zurück als ein blutiger Fleck im Gras.

Nuru fühlte sich, als wäre er aus einem bösen Traum erwacht. Zitternd blinzelte er zu Salama hoch. Die senkte den Kopf und rieb ihre Wange so fest an seiner, dass er beinahe umkippte. „Bist du verrückt geworden?", schimpfte sie – grob und liebevoll, wie es nur eine besorgte Mutter konnte. „Wieso, um alles in der Welt, bist du davongerannt?"

Nuru war zu erleichtert, um zu lügen. „Ich hab nach den Hyänen gesucht."

„Na, das war ja ein voller Erfolg", sagte Tante Oyana mit gutmütigem Spott. Schwer zu glauben, dass sie eben noch zornig geknurrt hatte. Ihr Gesicht wirkte wieder so sanft wie immer, und auch Penda hatte sich mittlerweile beruhigt.

„Wenigstens hast du nicht allzu viele aufgestöbert", meinte sie. „Jede von uns könnte nicht mehr als vier Hyänen vertreiben, also waren wir jetzt gerade stark genug. Glück gehabt!"

Salama kochte immer noch vor Wut. „Und *warum* musstest du nach Hyänen suchen, wenn ich fragen darf?", fuhr sie Nuru an. „Wolltest du sehen, wie schnell sie dich zerfetzen können? Sei froh, dass wir in der Nähe waren und dass aufgeregte Hyänen solchen Krach machen! Sonst hätten wir dich garantiert nicht rechtzeitig gefunden!"

Nuru holte tief Luft. Gleich würde seine Mutter nicht mehr böse auf ihn sein, sondern stolz. Wahrscheinlich würde sie aufpassen müssen, dass sie vor Stolz nicht platzte! „Es ist gut, dass ich weggelaufen bin. Immerhin habe ich den Bau der Hyänen aufgespürt", verkündete er.

Für einen Augenblick herrschte Stille. Erwartungsvoll schaute Nuru zwischen seiner Mutter und den Tanten hin und her, aber keine von ihnen wirkte stolz, und kurz vorm Platzen waren sie erst recht nicht. Sie kehrten ihm nur die Schwänze zu, ehe Salama mit leisem Grummeln sagte: „Ab nach Hause."

Verwirrt stolperte Nuru neben seiner Mutter her. „Mama, hast du nicht zugehört? Ich weiß jetzt, wo die Hyänen wohnen! Na ja, eigentlich wohnen im Bau nur ihre Jungen, weil der Eingang zu eng für die Großen ist. Trotzdem kommt sicher der ganze Clan immer wieder dorthin, und wenn Akida den richtigen Zeitpunkt erwischt, könnte er ..."

„Nuru!", fauchte Salama. „Hör auf damit!"

Nuru blieb stehen, die Pfoten vor Verärgerung fest in

den Boden gestemmt. „Der König hat doch gesagt, er wird die Hyänen für immer fortjagen, sobald er ihren Unterschlupf kennt!"

„Kleiner Prinz", sagte Oyana leise, „begreifst du denn nicht? Es ist zwar gut möglich, dass König Akida in seinem großen Revier den Überblick verloren hat. Aber wo sich der Bau der Hyänen befindet – das weiß er schon lange."

Ungläubig starrte Nuru zu ihr hoch, aber sie hielt die Augen weiter nach vorn gerichtet. Auch die anderen beiden sahen ihn nicht an.

„Du bist noch zu klein, um das zu verstehen", meinte Salama bloß. „Und viel zu klein, um allein durch die Savanne zu streunen. Also lass uns lieber dafür sorgen, dass der König nichts von deinem Ausflug erfährt."

9. Kapitel:

Warten auf ein Wunder

Nuru schwirrte der Kopf. Alles, was er an diesem Abend gesehen und gehört hatte, schien wild durcheinanderzutanzen wie ein Schwarm Tsetsefliegen: Hyänen waren also gar nicht ungeschickt und faul, wie König Akida immer erzählt hatte. Sie waren hervorragende Jäger, stark und schnell. Und der König wusste über ihr Versteck angeblich Bescheid ...

Nein, das muss ein Irrtum sein, dachte Nuru. Bestimmt hatten Salama und die Tanten sich getäuscht, oder sie behaupteten das alles nur, damit er Ruhe gab. Auf dem Heimweg nahm er sich fest vor, seine Entdeckung wie geplant Akida zu zeigen. Doch als sie die Akazie erreichten, wurde der König gerade wach, und er war eindeutig nicht gut aufgelegt. „Was ist los? Keine Beute? Ich dachte, ihr wärt einer Herde Gazellen auf der Spur!", brummte er und schnüffelte in Richtung der Löwinnen.

Salama drehte den Kopf zur Seite. „Wir haben Gazellen gefunden, aber …"

Aber wir mussten den Jungen retten, und währenddessen sind alle davongelaufen. Nuru duckte sich neben Binti und Sadiki, die noch verschlafen miteinander kuschelten. Plötzlich war er froh, dass Akida ihn kaum beachtete. Vielleicht sollte der Ausflug wirklich besser ein Geheimnis bleiben.

„Muss ich also schon wieder mit leerem Magen die Grenzen ablaufen", murrte der König und rümpfte verärgert die Nase.

Penda schielte zu ihren Jungen, während sie überlegte. Dann schlug sie beschwichtigend vor: „Wir kommen mit. Die Nacht hat gerade erst begonnen. Wenn wir Glück haben, finden wir noch etwas!"

Aufmunternd rieb sie ihren Kopf an Salama, mit der sie häufig zusammen jagte. Penda war zierlich und flink, Salama groß und kräftig. Die eine konnte ein Beutetier von der Herde wegtreiben, die andere erlegte es dann.

Doch Salamas Blick huschte zu Nuru, und es war klar, dass sie ihn nicht allein lassen wollte. Oyana hatte das ebenfalls erraten. „Ich bleibe bei den Kleinen", bot sie an und ließ sich unter der Akazie nieder. Sofort krabbelten Binti und Sadiki mit freudigem Krächzen zu ihr. Sie kletterten auf ihren Rücken, grapschten nach ihren Ohren und kullerten ihren Nacken hinunter.

Nurus Stimmung sank endgültig auf den Tiefpunkt. Obwohl in seinem Kopf immer noch Chaos herrschte, hatte er eine Sache genau verstanden: Wenn Penda und Salama Beute machten, würden sie zuallererst dafür sorgen, dass sie selbst und der Löwenkönig satt wurden. Für den Nachwuchs blieb dann bestimmt nichts mehr übrig.

Auch die gute Laune der Zwillinge hielt diesmal nicht lange an. Gerade waren die drei Erwachsenen in der Dunkelheit verschwunden, da hatten die Kleinen bereits genug vom Spielen. Sie krochen zu Oyanas Bauch und versuchten, Milch zu trinken, mussten aber bald aufgeben. Diese Nahrungsquelle war wohl ein für alle Mal versiegt.

„Tante Oyana", jammerte Binti herzzerreißend, „mein Hunger ist so groß wie der Akazienbaum."

„Mein Hunger ist so groß wie der Akazienbaum mit einem Geier obendrauf", erklärte Sadiki.

Binti funkelte ihn an. „Mein Hunger ist so groß wie der Akazienbaum mit einer Giraffe obendrauf!"

„Und wie ist die Giraffe auf den Baum gekommen?"

„Woher soll ich das wissen? Musst du die Giraffe fragen!"

„Hört auf, von Giraffen zu reden." Nuru wollte knurren, aber das erledigte sein Magen schon für ihn.

Tante Oyana gab ein sanftes Brummeln von sich. „Tut mir leid, dass ich nichts für eure leeren Bäuche habe. Aber glaubt mir, die Zeit des Hungers wird bald vorüber sein."

„Wann?", fragte Binti, wartete einen winzigen Augenblick und maunzte dann: „Jetzt?"

Zärtlich zog Oyana sie näher und fuhr ihr mit der Zunge quer über das runde Gesicht. „Ein bisschen Geduld müsst ihr schon noch haben. Aber das Wunder ist längst unterwegs, auf unzähligen Hufen, und könnte in den nächsten Tagen hier eintreffen."

Nuru stellte die Ohren auf. Unzählige Hufe? Das klang zu gut, um wahr zu sein. Dunkel erinnerte er sich zwar, dass die Savanne nicht immer so leer gewesen war wie jetzt, und auch nicht so trocken. In seinen Babytagen hatte es sogar eine Zeit lang sehr viel

Regen gegeben. Doch das fühlte sich schon so unwirklich an wie ein halb vergessener Traum. „Welches Wunder?", fragte er aufgeregt. „Und woher weißt du das, Tante Oyana?"

„Weil es jedes Jahr so ist. Den genauen Zeitpunkt kann niemand vorhersagen. Es kommt darauf an, wann das Gras weit in der Ferne abgeweidet ist – dort, wo die Gnus und Zebras den Winter verbringen." Oyana setzte sich aufrecht hin und spähte in die Nacht, so als könnte sie diesen geheimnisvollen Ort gerade noch erkennen. Unwillkürlich folgte Nuru ihrem Blick, obwohl nicht mehr zu sehen war als wogende Halme, die im Mondlicht silbern glänzten.

„Sobald sie ihre Jungen bekommen haben und die Nahrung verbraucht ist, brechen die Herden zur großen Wanderung auf", erzählte Oyana weiter. „Sie durchqueren mehrere Monde lang die Savanne, immer auf der Suche nach dem besten Weideland. Wenn sie das Gras überall kurz gefressen haben, ziehen sie zurück nach Hause, und im nächsten Jahr beginnt alles wieder von vorn."

Sadiki gähnte und schmatzte leise. „Viele Pflanzenfresser gehen viel spazieren. Wie langweilig!"

Ungeduldig patschte Nuru ihm mit der Pfote zwischen die flauschigen Ohren. „Begreifst du das denn nicht? All diese Pflanzenfresser kommen vielleicht hier vorbei! Hab ich recht?" Er schaute nach oben in Oyanas vernarbtes Gesicht, und die Tante stieß einen kleinen, zufriedenen Seufzer aus.

„Nicht *vielleicht*, sondern ganz bestimmt! Die Herden müssen auf ihrem Weg den Fluss überqueren, und das tun sie jedes Jahr in unserem Revier. Das wird ein unvergesslicher Festtag für uns, aber auch für alle anderen, die sich hier aufhalten dürfen: Geparde, Krokodile ..."

„... und Hyänen." Schnell senkte Nuru den Blick, aber er spürte, dass Oyana ihn musterte. Sicher ahnte sie, welche Frage immer noch durch seine Gedanken kreiste: *Warum* durften die Hyänen sich hier aufhalten, wenn Akida ihr Versteck wirklich kannte? Wieso um alles in der Welt teilte der König sein Revier mit ihren schlimmsten Feinden?

Oyana zögerte kurz, dann legte sie den Kopf auf die Vorderpfoten. So war ihr Gesicht auf derselben Höhe wie Nurus. „Wisst ihr eigentlich, warum Gnus und Zebras so gut miteinander auskommen?", fragte sie. „Zebras können hervorragend sehen, Gnus dagegen haben feine Nasen. So sind sie auf ihrer langen Wanderschaft die perfekten Partner. Man braucht niemanden zu vertreiben, wenn er einem nützlich ist!" Oyana sah Nuru bedeutungsvoll in die Augen, doch er begriff nicht, was sie ihm sagen wollte. Etwas über die Hyänen? Meinte sie vielleicht, dass diese Biester irgendwie nützlich sein könnten? Nuru fiel dazu beim besten Willen nichts ein, und die Zwillinge ließen ihn auch nicht weiter nachdenken.

„Ach", schnurrte Binti sehnsüchtig, „Zebras und Gnus! Wenn die Herden kommen, möchte ich auch eine fressen."

Mühsam riss Nuru sich vom Blick seiner Tante los. „Eine was?"

„Na, eine Herde. Oder vielleicht zwei." Binti schmiegte sich eng an ihren Bruder, und die Augen der beiden wurden immer kleiner. Auch Nuru merkte jetzt, wie erschöpft er war. Er drückte sich auf den Boden und stellte sich vor, ein fernes Beben wahrzunehmen ... das Trommeln unzähliger Hufe ... das Herannahen eines Wunders.

Fragend blinzelte er noch einmal zu Oyana hoch. „Du glaubst wirklich, die Herden könnten in wenigen Tagen hier sein?"

„Ganz genau, kleiner Prinz." Oyana streckte sich neben ihm aus, sodass die Zwillinge geschützt zwischen ihren Pfoten lagen. „Vielleicht sogar schon morgen. Halte dich bereit!"

10. Kapitel:
Rauferei am Fluss

Nuru hatte sich fest vorgenommen, von nun an braver zu sein. Der Schreck saß ihm noch in den Gliedern, und er schämte sich, dass er seiner Mutter und den Tanten so viel Ärger bereitet hatte. Als Wiedergutmachung wollte er nur noch das tun, was man von einem Löwenkind erwartete: schlafen, spielen und fressen – oder akzeptieren, dass es nichts zu fressen gab. Das Problem war nur, dass er dabei die ganze Zeit an die große Wanderung denken musste. Immer wieder sah er vor sich, wie Oyana sehnsuchtsvoll in die Ferne geblickt hatte, und bei jedem Windstoß begann er zu schnuppern.

Nachdem die Löwinnen in den kühlen Morgenstunden erneut zur Jagd aufgebrochen waren, hielt Nuru das Bravsein nicht mehr länger aus. Mit klopfendem Herzen schaute er zur anderen Seite der Akazie, wo der König auf seinem üblichen Platz lag. Anfangs hatte er den Nachwuchs noch mit halb geschlossenen Augen beobachtet, aber genau wie am vergangenen Tag hatte die Müdigkeit bald gesiegt. Jetzt schnarchte Akida leise, und Nuru nahm sich einen Moment Zeit, ihn genauer zu betrachten. Irgendwann, schoss es ihm durch den Kopf, werde ich so aussehen wie er. Und dann wird er mich nicht mehr für ein lästiges Baby halten. Doch vielleicht ändert er seine Meinung sogar schon früher ... wenn ich derjenige bin, der die Ankunft der Herden verkündet.

Kaum hatte er das gedacht, setzten sich seine Pfoten auch schon in Bewegung. In Windeseile trugen sie Nuru zum Fluss hinunter, und das Fell an seinem Bauch wurde nass vom Morgentau. Um diese Zeit wirkte die Welt wie aus Streifen gemacht: Weit oben war der Himmel noch dunkel, dann kam fahles Grau, und direkt über dem Horizont glühte alles im Licht der aufgehenden Sonne.

Dieses Farbenspiel verzauberte auch den Fluss. Staunend betrachtete Nuru das schillernde Band, das sonst immer matt und schlammig aussah. Er hob den Kopf und versuchte, am anderen Ufer etwas zu erkennen. Leider nahmen ihm die hohe Böschung und ein paar Bäume die Sicht. Er musste zu einer Stelle, an der man direkt ins Grasland hineinblicken konnte. Eine Weile blieb Nuru ratlos sitzen, bis ihm einfiel, dass sich nicht weit entfernt der Trampelpfad der Flusspferde befand. Seine Mutter hatte ihm diese Stelle einmal auf einem Jagdausflug gezeigt. Die gewaltigen Tiere kamen nachts zum Grasfressen in die Savanne und walzten dabei richtige Schneisen in die Uferböschung. Bestimmt würden die Gnus und Zebras genau diesen Platz zur Überquerung des Flusses auswählen!

Aufgeregt lief Nuru weiter, während sein Blick ständig zwischen den beiden Ufern hin- und herhuschte. Falls er auf seiner Seite ein großes Tier erspähte, musste er schnell in Deckung gehen. Er hatte keine Lust, einem verspäteten Flusspferd über den Weg zu laufen, oder einem Gepard, der die Ruhe des Morgens zum Trinken nutzte. Geparde waren scheu, aber einem einsamen Löwenkind konnten sie durchaus gefährlich werden ...

Mit einem Ruck blieb Nuru stehen. An der nächsten Flussbiegung stand ein Tier, doch es hatte nichts von der Eleganz eines Gepards. Mit seinem schiefen Rücken und dem braunen Fell erinnerte es aus der Ferne an ein Warzenschwein, aber –

„Wuup!"

Das Geräusch ließ Nuru zusammenzucken. So ein Mist, er war doch extra *nicht* in Richtung des Hyänenbaus gelaufen! Hastig blickte er sich um und suchte nach einem Versteck, aber die Hyäne hatte ihn bereits gesehen. „Wuup!", machte sie wieder, dann trabte sie auf ihn zu. „He, du da!"

Am liebsten hätte Nuru sich in Luft aufgelöst. Schon wieder diese Lela! Fieberhaft überlegte er, was er jetzt tun sollte. Weglaufen war jedenfalls ausgeschlossen, sonst bildete sich die mickrige Hyäne noch ein, er fürchtete sich vor ihr. Inzwischen hatte sie ihn fast erreicht und schaute ihn aus ihren dunklen Kulleraugen an. Sie wirkte völlig entspannt, genau wie bei ihrem Zusammentreffen vor dem Hyänenbau. Nuru fragte sich, ob sie eigentlich sehr dumm oder sehr mutig war. Aber statt weiter darüber nachzudenken, zeigte er ihr lieber seine Zähne.

„Komm bloß nicht näher!“, fauchte er. „Hast du kapiert? Bleib weg von mir!“

„Ich hatte auch nicht vor, mich auf dich draufzusetzen“, gab Lela frech zurück, aber immerhin blieb sie stehen. „Eigentlich wollte ich mich nur bei dir entschuldigen.“

Nuru klappte überrumpelt das Maul zu. Es dauerte eine Weile, bis er sich von seiner Verblüffung erholt hatte. „Ach, und wofür?“, fragte er dann feindselig.

„Für gestern Abend natürlich.“ Lela begann, im Uferschlamm herumzuschnüffeln. „Ich hab genau gewusst, dass du mir folgst. Eigentlich wollte ich dir nur zeigen, wie gut Hyänen jagen können. Aber dass du solchen Ärger bekommst, hatte ich nicht geplant.“ Die Nase noch fast im Schlamm, schielte sie zu Nuru hoch.

Der erwiderte stocksteif ihren Blick. „Ich hatte überhaupt keinen Ärger“, wehrte er ab. „War doch klar, dass mein Rudel mit deinem Clan locker fertigwird. Außerdem hätte ich das auch allein geschafft!“

Das stimmte natürlich nicht, und man konnte Lela ansehen, dass sie das ganz genau wusste. Um sie endlich ein bisschen einzuschüchtern, versuchte Nuru es mit einem Knurren. „Wieso hast du überhaupt

geahnt, dass du mich hier treffen würdest?", fragte er und gab sich Mühe, dabei möglichst bedrohlich zu wirken.

„Hab ich nicht, war reiner Zufall. Ich bin nur hergekommen, um zu sehen, ob die Gnus und Zebras schon mein Revier erreicht haben."

„Nein, *ich* wollte sehen, ob die Gnus und Zebras schon *mein* Revier erreicht haben!"

Ungerührt blinzelte Lela ihn an. „Na schön. Dann haben wir also beide unsere Zeit verschwendet."

„Du verstehst es echt nicht, oder?" Nuru machte einen Schritt auf sie zu, obwohl er viel lieber zurückgewichen wäre. „Jetzt pass mal gut auf: Das hier ist nicht dein Revier! Es gehört dem Flussrudel!"

„Und du bist der König, oder was?"

Schnell reckte Nuru den Hals – vielleicht konnte sie ja dabei einen Blick auf seinen Mähnenflaum erhaschen. „Nicht ganz", räumte er ein, „aber ich bin der zweitälteste Löwe bei uns!"

„Dafür bin ich die zweitwichtigste Hyäne", kam es prompt von Lela, die den Kopf nun genauso hochhielt wie Nuru.

„Das kann nicht wahr sein!"

„Doch. Meine Mutter ist die Alpha-Hyäne, die Anführerin. Weil ich ihre einzige Tochter bin, stehe ich im Rang direkt unter ihr. Ist doch nicht so schwer zu verstehen, oder, Erdmännchen?"

Da reichte es Nuru endgültig. Er schlug mit der Pfote, als wollte er eine Fliege genau vor Lelas Nase verscheuchen, und fauchte: „Ihr Hyänen seid verrückt, *das* habe ich verstanden. Und jetzt verschwinde gefälligst aus meinem Revier!"

„Ich denke gar nicht daran. Verschwinde du lieber aus meinem!" Herausfordernd kratzte Lela ein paarmal über den Boden. Ihre Spuren besagten eindeutig: *Dieser Platz gehört mir.*

Nuru war beinahe erschüttert. Wie konnte sie es wagen, vor ihm eine Markierung zu setzen, als wäre sie hier tatsächlich die Herrscherin? So fest er konnte, scharrte er ebenfalls mit seinen Hinterpfoten im Uferschlamm. „Letzte Warnung!", drohte er. „Hau ab, oder es wird dir sehr leidtun!"

„*Du* haust ab, Erdmännchen." Lela sorgte dafür, dass der Schlamm nach allen Seiten spritzte.

Einen Moment lang herrschte Stille, während die beiden wie angewurzelt zwischen ihren Markierungen standen. Dann gingen sie aufeinander los.

11. Kapitel:

Gefahr aus der Tiefe

Mit Lela zu raufen war ganz anders als die Rangeleien mit Binti und Sadiki. Die Zwillinge hatten Nuru noch nie richtig wütend gemacht, sondern ihn höchstens manchmal genervt – und Lelas Bisse waren sehr viel stärker. Nuru musste höllisch aufpassen, dass sie keine besonders

empfindliche Stelle von ihm zwischen die Zähne bekam. Wenigstens war sie nicht gut darin, ihre Krallen einzusetzen. Als sie an Nurus Ohr zu zerren begann, ließ er sich auf den Rücken fallen und wehrte sie mit allen vier Pfoten ab. Sein Knurren vermischte sich mit ihrem Schnattern und Quietschen, während sie sich am Ufer wälzten.

„Lass los!", schrie Nuru, als er befürchtete, dass sein Ohr sich gleich für immer von ihm verabschieden würde.

„Dann hör auf, mich zu hauen!"

„Ich hau dich, bis du mich loslässt!"

Der Kampf ging noch eine Weile weiter, bis Nuru etwas Nasses spürte. Erschrocken sprang er auf und warf einen Blick zur Seite. Er hatte gar nicht bemerkt, wie nahe sie zum Wasser gerollt waren.

Lela hatte sein Ohr vor Überraschung losgelassen. „Was ist? Gibst du auf?" Keuchend schaute sie Nuru an, den Schwanz noch immer angriffslustig in die Höhe gereckt.

„Blödsinn! Ich hab nur keine Lust zu ertrinken!" Nuru versuchte, ihr einen Hieb auf die Nase zu verpassen, aber sie tänzelte rückwärts. Dass ihre Füße dabei ins Wasser gerieten, schien ihr völlig egal zu sein.

„Wiiiie?", jaulte sie. „Hat der Löwenprinz etwa Angst, nass zu werden? Der zweitälteste Mann aus dem *Flussrudel* fürchtet sich ausgerechnet vor dem *Fluss*?"

Gereizt schlug Nuru wieder nach ihr, ohne sie zu erwischen. Es machte ihn wahnsinnig, dass sie so flink zurückweichen konnte. Jetzt stand sie schon bis zum Bauch im schlammigen Wasser! Wieso, verflixt noch mal, störte sie das denn nicht?

„Nuru mag's gern trocken, er bleibt am Ufer hocken! Er bleibt am Ufer sitzen, da muss ich doch mal ..." Und sie spritzte ihn an, indem sie auf und ab hopste.

Nicht einmal beim Überfall der Hyänen hatte Nuru sich so zornig und zugleich so hilflos gefühlt. „Wenn du nicht sofort aufhörst, dann –!", drohte er.

„Ja, was dann? Dann kommst du und holst mich?" Lela hörte mit der Hopserei auf und drehte kurz den Kopf zum anderen Ufer. „Weißt du, was? Ich schwimme jetzt rüber, damit ich auch dort markieren kann. Wenn ich fertig bin, sind *beide* Seiten des Flusses Hyänenrevier!"

„Das traust du dich nie und nimmer."

„Meinst du, Löwenbaby?" Ohne zu zögern, schob sie sich ins tiefere Wasser und paddelte los.

Nuru traute seinen Augen nicht. Sie wirkte im Fluss fast genauso selbstsicher wie an Land! Über das Plätschern hinweg konnte er immer noch ihr höhnisches Quieken hören: „Er hat noch nie gebadet, aus Angst, dass ihm das schadet! Er möchte nicht versinken, da will er lieber stinken!"

Hiermit wäre das Rätsel gelöst, dachte Nuru. Hyänen hatten keinen Mut, sie waren einfach nur zu blöd, sich zu fürchten. Angewidert beobachtete er den struppigen Kopf, der sich zielstrebig vorwärtsbewegte. Wahrscheinlich hätte er einfach zu seinem Rudel zurückkehren sollen, aber aus irgendeinem Grund konnte er sich nicht von Lelas Anblick losreißen. Nun schaute er ernsthaft einer Hyäne beim Schwimmen zu, statt das Eintreffen der Herden zu feiern. Dabei hatte er sich das so schön vorgestellt! Sehnsüchtig dachte er wieder an Oyanas Versprechen: *„Das wird ein Festtag für uns, aber auch für alle, die sich hier aufhalten dürfen: Geparde, Krokodile ..."*

Der Gedanke ließ ihn zusammenzucken. Inzwischen hatte Lela schon fast die Mitte des Flusses erreicht. Nuru konnte gerade noch ihre runden Ohren und den Haarschopf im braunen Wasser erkennen. Passte sie überhaupt auf, wo sie hinschwamm? Hektisch ließ Nuru seinen Blick über den Fluss gleiten, aber er sah nur ein paar Felsen. Vielleicht war diese Stelle des Flusses rein zufällig sicher, oder Tante Oyana hatte sich geirrt.

Dann noch viel Spaß beim Baden, dachte Nuru verbittert. Auf keinen Fall würde er mitverfolgen, wie Lela das andere Ufer markierte. Er wollte sich gerade abwenden, als er aus dem Augenwinkel eine Bewegung wahrnahm. Ein Stück weiter flussabwärts hatte etwas zu schwimmen begonnen. Etwas, das zwar an ein Stück Holz erinnerte, aber bestimmt keines war – denn es schwamm gegen den Strom.

Nuru stockte der Atem. „Lela!", rief er, brachte aber nur ein dünnes Krächzen heraus. Ahnungslos paddelte Lela weiter, und die längliche schlammbraune Gestalt folgte ihr. Man sah von ihr bloß ein paar Zacken, den Ansatz einer Nase und Augen, die wie zwei kleine Hügel aus dem Wasser ragten. Ohne zu blinzeln, fixierte das Krokodil seine Beute, während es langsam näher kam.

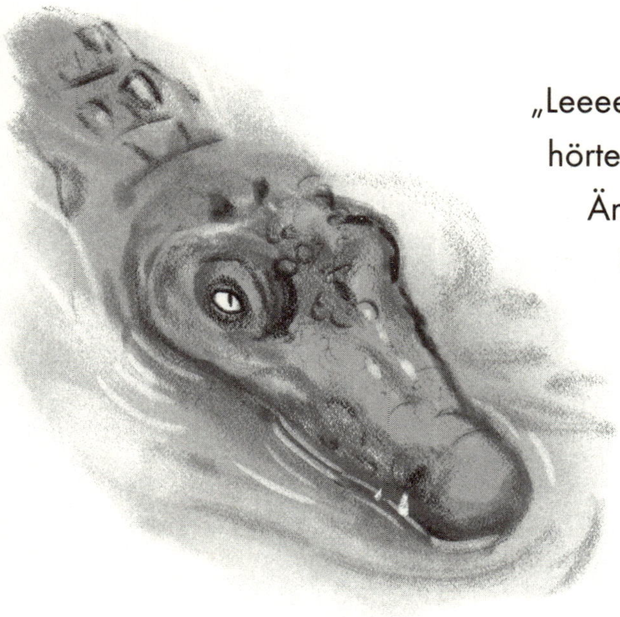

„Leeeeela!“ O nein, sie hörte ihn einfach nicht!

Ängstlich lief Nuru am Ufer auf und ab. Das Krokodil war noch ein ganzes Stück entfernt, aber wenn es wollte, konnte es bestimmt viel schneller schwimmen als eine kleine Hyäne. Lela hatte Glück, dass es sich noch nicht mit voller Energie in die Jagd gestürzt hatte. Aber wie sollte er sie noch rechtzeitig warnen?

Einen Moment lang war Nurus Kopf wie leer gefegt, dann durchzuckte ihn eine Erinnerung. In Gedanken sah er plötzlich Akida, der zornig den Kopf in den Nacken warf und seine Wut so laut herausbrüllte, dass alles ringsum erzitterte ...

Nuru holte tief Luft und riss das Maul auf. Was er hervorbrachte, hatte nur wenig mit dem Gebrüll eines erwachsenen Löwen zu tun. Es war eher ein raues Quäken, aber immerhin laut genug, dass es quer über den Fluss schallte. Lelas Paddeln wurde langsamer, sie drehte den Kopf. Als sie das Krokodil entdeckte, sah es kurz so aus, als würde sie vor Schreck untergehen wie ein Stein. Im nächsten Augenblick strampelte sie los. Ihre Pfoten schienen fast zu rotieren, während sie durch die Wellen pflügte. Auch das Krokodil bewegte sich schneller. Geschmeidig steuerte es auf Lela zu, musste aber unterwegs einigen Felsen ausweichen. Während es sich daran vorbeischlängelte, erreichte Lela das seichtere Wasser. Sie begann zu rennen, stolperte, tauchte bis zu den Ohren unter. Endlich hatte sie sich ans Ufer gekämpft und kroch mit letzter Kraft aus dem Fluss. Schnaufend und triefnass sackte sie vor Nuru zusammen. Sie brauchte ein wenig, bis sie wieder normal atmen konnte. Das Krokodil drehte inzwischen ab und verschwand – so still und heimlich, wie es gekommen war.

Lela richtete sich auf. „Das", keuchte sie, „wäre um ein Haar schiefgegangen."

„Und ob." Nuru gab sich Mühe, gleichgültig zu wirken, obwohl sein Herz immer noch raste.

„Ich meine dein Brüllen. Um ein Haar hätte ich gedacht, da grunzt ein heiseres Warzenschwein."

„Aha. Dieses Warzenschwein hat jetzt endgültig die Schnauze voll." Nuru wandte sich ab, doch er konnte hören, wie Lela hastig auf die Pfoten kam. Sie galoppierte hinter ihm her, überholte ihn und versperrte ihm den Weg.

„Was ich eigentlich meine ...", stieß sie hervor und senkte zum allerersten Mal kleinlaut den Kopf. „Danke. Ohne dich hätte ich das Krokodil sicher nicht rechtzeitig bemerkt."

Einen Moment lang standen sie reglos da und sahen einander an, genau wie vor ihrer Rauferei. Diesmal wirkte Lela allerdings nicht angriffslustig. Sie hielt den Kopf immer noch gesenkt und schnupperte ein bisschen schüchtern in Nurus Richtung. Vielleicht, ganz vielleicht, schaute sie dabei sogar freundlich drein.

Dann stieß sie ein kurzes Fiepen aus. „Oh, ich hab eine Idee!" Bevor Nuru reagieren konnte, drehte sie ihm den Schwanz zu und trabte los. Ein kleines Stück flussaufwärts stoppte sie, um sich über einen Tümpel zu beugen. Anscheinend sammelte sich dort Flusswasser in einer Kuhle. Lela steckte die Pfote hinein, fischte darin herum und tauchte schließlich sogar die Schnauze ins Wasser.

Nuru beobachtete sie zuerst misstrauisch aus der Ferne, dann gewann seine Neugier die Oberhand. Er rannte zu ihr und sah gerade noch, wie sie einen Klumpen zu Boden fallen ließ. Bei diesem Anblick zog sich Nurus Magen sehnsüchtig zusammen. *Fleisch!* „Aber wie ... wie kommt das hierher?", fragte er aufgeregt.

Beiläufig stupste Lela den Fleischbrocken mit der Schnauze an. „Ach, das gehört Kesi. Du hast sie schon gesehen – die Hyäne mit dem kaputten Ohr. Sie teilt nicht gern und versteckt hier immer wieder Beutestücke für später. Unter Wasser kann man den Geheimvorrat nicht erschnüffeln, aber ich habe sie beobachtet."

Vor lauter Hunger wurde Nuru fast schwindelig. „Und warum frisst du jetzt nicht?!", japste er.

„Keine Lust. Mama bekommt bei jeder Jagd den größten Anteil, und sie gibt mir auch immer noch zu trinken. Nichts macht besser satt als Hyänenmilch." Lela schaute von dem Fleischbrocken zu Nuru und wieder zurück. Dann setzte sie sich in Bewegung. Mit ihrem typischen Wackel-Gang lief sie davon und ließ das Fleisch liegen.

Einfach liegen.

EINFACH LIEGEN!

Nuru verlor die Beherrschung. Er stürzte sich auf den Klumpen, riss große Stücke ab und würgte sie gierig hinunter. Damit war er so beschäftigt, dass er sich auf nichts anderes konzentrieren konnte. Doch während das Fleisch allmählich seinen Magen füllte, machte sich ein Gedanke in ihm breit: Lela war zwar so tollkühn, dass sie manchmal ein wenig verrückt wirkte, aber sie war definitiv nicht dumm. Wahrscheinlich – das musste Nuru zugeben – kannte sie sogar mehr Tricks als er selbst.

12. Kapitel:

Unterwegs mit dem König

Als Nuru in die Nähe der Akazie kam, hörte er seine Mutter nach ihm rufen. Immer wieder ertönte ihr kurzes, heiseres Brüllen, und es klang fast schon verzweifelt.

Nuru begann zu rennen. Mittlerweile war es heller Morgen, doch nicht nur seine Mutter, auch die Tanten waren noch wach. Sie standen dicht beieinander, die Ohren lauschend nach vorn gerichtet. Als sie ihn im hohen Gras entdeckten, lief Salama ihm entgegen. Aufgeregt schnüffelte sie an ihm, als wollte sie sich davon überzeugen, dass er noch ganz war.

„Wonach riechst du? Was ist das für ein Biss? Warum bist du so nass, und – mein Sohn, möchtest du, dass ich vor Sorge wahnsinnig werde?"

Zerknirscht ließ Nuru das Knurren seiner Mutter über sich ergehen. Dann stemmte er die Vorderpfoten gegen sie und reckte den Kopf bis zu ihrem Gesicht. „Tut mir leid, ich hätte nicht wieder davonlaufen dürfen. Aber Tante Oyana hat uns von den Herden erzählt, und ich wollte so gerne sehen, wie sie hier eintreffen!"

„Denkst du etwa, wir wüssten nicht, wann sie da sind?" Salama wirkte immer noch gereizt, erlaubte aber, dass er seine Wange an ihre schmiegte. „So etwas merkt man, Nuru. Glaub mir: Wenn der Tag gekommen ist, erkennst du es ganz genau." Ein wenig unsanft stieß sie ihn mit der Schnauze an, sodass er hintenüberpurzelte. Auf dem Rücken liegend blickte er zu ihr hoch – und ein Schatten fiel über sein Gesicht.

„Wie ich sehe, ist unser verlorener Prinz wieder da. Bist du jetzt fertig mit deinem Gebrüll, Salama?" Akida war hinter dem Baum hervorgetreten und schaute Salama aus weit geöffneten Augen an. Nuru wusste, dass so ein starrer Blick kein gutes Zeichen war. Aber seine Mutter hatte sich an diesem Morgen wohl zu viele Sorgen gemacht, um den König zu besänftigen.

„Unser Prinz wäre gar nicht verloren gegangen, wenn du besser auf ihn aufgepasst hättest“, entgegnete sie, und das Fell über ihrer Nase legte sich in Falten.

„Was soll das heißen?“ Akida zog die Lefzen zurück. Vom Boden aus konnte Nuru die Zähne des Königs deutlich sehen, und zum ersten Mal fiel ihm auf, wie abgenutzt sie waren. Trotzdem wirkten sie *riesig*. Nuru kauerte sich zusammen, doch seine Mutter machte keine Anstalten, klein beizugeben. Hoch aufgerichtet, hielt sie dem drohenden Blick des Königs stand.

„Du hast mich schon verstanden. Würdest du nicht jedes Mal schlafen, während wir Jägerinnen unterwegs sind, könntest du ordentlich auf unseren Nachwuchs aufpassen.“

Ein tiefes Grollen drang aus Akidas Brust. „Natürlich schlafe ich!“, fuhr er Salama an. „Es ist anstrengend, jeden Tag die Grenzen des Reviers abzulaufen!“

„Das glaube ich dir. Doch während du auf einer Seite deine Markierungen setzt, sind sie auf der anderen Seite bereits verblasst. Du wirst es niemals schaffen, das ganze riesige Gebiet zu kontrollieren. Und dafür lässt du auch noch unsere Jungen im Stich!“

Jetzt war sie zu weit gegangen. Das Grollen wurde zu einem Brüllen, und der König machte einen Satz nach vorn. Im nächsten Moment ließ Salama sich fallen.

Starr vor Schreck beobachtete Nuru seine Mutter, die seitlich auf dem Boden lag. War das ihre Art, sich zu unterwerfen – oder wollte sie alle vier Pfoten zum Kämpfen frei haben? Jedenfalls hatte sie die Attacke durch ihre plötzliche Bewegung beendet. Kurz stand Akida noch vor ihr und durchbohrte sie mit seinem Blick, dann brummte er:

„Du vergisst deinen Rang, Salama. Als König entscheide *ich*, was für unser Rudel das Beste ist. So ist es, so war es, und so wird es immer sein!"

Er ging zu seinem Platz unter der Akazie, doch Salama wartete noch eine Weile, ehe sie sich erhob. Auffordernd stupste sie Nuru in die Seite und führte ihn zu den anderen. Die Löwinnen kuschelten sich eng aneinander, Penda säugte die Zwillinge, und Salama begann, den Uferschlamm aus dem Fell ihres Sohnes zu putzen. Normalerweise hätte die Nähe zu seiner Familie Nuru schnell beruhigt. Der Zusammenhalt des Rudels war wie ein festes, warmes Band, das ihm Sicherheit gab. Nun wurde ihm allerdings zum ersten Mal bewusst, dass dieses Band ein wenig zu kurz war: Es reichte nicht bis zur anderen Seite der Akazie, und das machte ihn nervös.

Während des restlichen Tages wollte ihn das mulmige Gefühl nicht loslassen. Halbherzig spielte er mit den Kleinen, schaute dabei aber immer wieder zu Akidas Platz hinüber. Der König hingegen schenkte seiner Familie keinen einzigen Blick. Es war, als hätte sich ein Riss im Flussrudel aufgetan. Trug Nuru etwa die Schuld dafür? Gab es diesen Streit nur, weil er davongelaufen war? Kleinlaut rollte er sich zusammen und versuchte, ein bisschen zu dösen.

Als die Dämmerung einsetzte, war er sofort wieder hellwach. Der König hatte sich erhoben und schärfte seine Krallen am Stamm der Akazie. Nuru spürte, wie sich Salamas Körper bei diesem Geräusch anspannte. In ihrem Brustkorb rumpelte es leise. „Wieder ein Streifzug durch das Revier?", fragte sie.

„Nein, ich beschaffe mir jetzt etwas zu fressen. Wer weiß, wann ihr beim Jagen wieder Erfolg habt!" Akidas Haltung verriet deutlich, dass der Streit noch nicht vergessen war. Trotzdem sprang Nuru auf und lief ein paar Schritte in Richtung des Königs.

Ich bin alt genug, um auf Jagdausflügen dabei zu sein, dachte er. Wenn er knurrt, mache ich kehrt. Wenn er auch nur *einen* Zahn bleckt, renne ich gleich wieder zu Salama!

Aber Akida schaute ihn nur prüfend an, ehe er sich zum Gehen wandte. Ein paar Schritte weiter drehte er noch einmal den Kopf, genau wie Salama es zu tun pflegte. Die Botschaft dahinter war eindeutig: *Von mir aus, dann begleite mich eben.*

Nuru konnte sein Glück kaum fassen. Vor lauter

Aufregung vergaß er völlig, sich von Salama zu verabschieden. Er stürmte Akida hinterher und verkniff sich dabei mit aller Kraft ein paar freudige Hopser. Nicht einmal im Traum hätte er sich vorstellen können, mit dem König persönlich unterwegs zu sein! Es war auch schwierig, die richtige Gelegenheit dafür zu erwischen, weil Akida kaum je auf Nahrungssuche ging. Das gehörte schließlich nicht zu seinen Aufgaben. Doch Nuru hatte keinen Zweifel, dass sein Vater ein absolut großartiger Jäger war.

„Wohin gehen wir?", platzte es aus ihm heraus, als sie die Akazie bereits weit hinter sich gelassen hatten. Unterwegs war Akida immer wieder kurz stehen geblieben, um Sträucher oder Grasbüschel mit seinem Duft zu markieren. Er ging dabei sehr gründlich vor, und Nuru ärgerte sich ein bisschen über Salama. Von wegen, der König passt nicht gut auf uns auf, dachte er. Sicher prangte Akidas Herrschaftsanspruch wie der Abdruck einer riesengroßen Pfote über dem ganzen Revier. Jeder, der hier vorbeikam, würde sofort eingeschüchtert sein!

Als der König nicht reagierte, sprang Nuru übermütig von der Seite an ihm hoch. Er war so sehr daran gewöhnt, seine Mutter zu necken, dass er nicht nachgedacht hatte. Gleich darauf erschrak er über seine eigene Frechheit. Akida war stehen geblieben, doch er achtete gar nicht auf Nuru. Sein Blick folgte ein paar Geiern, die über den Abendhimmel flogen.

„Ihnen nach", befahl er knapp.

Nuru lief verwirrt neben Akida her. Wollte sein Vater etwa Jagd auf diese Vögel machen? Das würde nicht nur sehr schwierig werden, sondern wäre auch Energieverschwendung. An einem Geier war bestimmt nicht viel dran. Aber vielleicht erwischte Akida so ein Federvieh derart mühelos, dass er damit seinen ersten Hunger stillen konnte. Ein Appetithäppchen vor der eigentlichen Jagd, sozusagen ...

„Los, schneller!" In weiten Sätzen stürmte der König voran, und wieder musste Nuru sich darüber wundern, dass alles ganz anders war als mit seiner Mutter. Salama sparte auf Jagdausflügen ihre Kraft so gut wie möglich für den entscheidenden Sprint. Wie stark musste Akida sein, wenn er jetzt schon rennen konnte und es später trotzdem schaffte, einen Pflanzenfresser einzuholen? Keuchend bemühte sich Nuru, mit seinem Vater Schritt zu halten, aber der Abstand wurde immer größer.

In einiger Entfernung hatten die Geier zu kreisen begonnen. Dann stießen sie hinab und landeten versteckt hinter ein paar Büschen.

Akida stoppte und wandte sich um. Wahrscheinlich wollte er sichergehen, dass Nuru seine Pflicht kannte: sich so gut wie möglich versteckt zu halten. Natürlich wusste Nuru das, und er würde bestimmt nicht die Jagd verderben, indem er die Beute auf sich aufmerksam machte. Aber er wollte unbedingt sehen, welche Tricks Akida beherrschte! Also folgte er seinem Vater weiter zu den Büschen, die ihnen die Sicht auf die Geier versperrten ... bis er schrille Stimmen hörte.

Ein Kreischen und Kichern, das ihn schaudern ließ. Stocksteif blieb er stehen und blickte seinem Vater hinterher, der soeben das Gebüsch umrundete. Die Vögel hatten Akida schon aus der Ferne verraten, was er hier finden würde: So klangen nur Hyänen beim gemeinsamen Fressen.

13. Kapitel:

Noch ein Überfall

Nuru zwängte sich durch das Gebüsch. Verborgen zwischen den Zweigen kroch er vorwärts, bis er auf der anderen Seite ins offene Grasland sehen konnte.

Da waren sie: etwa zwanzig Hyänen, die sich zusammen mit ein paar Geiern um einen toten Büffel drängten. Er war ein gewaltiges Tier, ein richtiger Berg aus dunklem Fell, Muskeln und Fleisch. Mehrere Jägerinnen mussten zusammengearbeitet haben, um ihn zu erlegen. Jetzt stritten sie lautstark um die leckersten Bissen, ehe es plötzlich ganz still wurde.

Akida hatte die Büsche umrundet. Er machte sich keine Mühe, zu schleichen oder den Hyänen aus der Ferne zu drohen. Stattdessen rannte er geradewegs auf den Büffel zu. Noch bevor er dort angekommen war, stoben die Hyänen auseinander. Es gab keinen Protest, kein zorniges Kreischen. Mit gesenkten Schwänzen rannten sie alle davon, die Blicke ängstlich nach hinten gerichtet. Erst in sicherer Entfernung blieben sie wieder stehen. Hier und da ertönte ein Kichern, aber Nuru wusste längst, dass es kein fröhliches Geräusch war. Die Hyänen fühlten sich aufgebracht, verärgert und frustriert. Kampflos hatten sie ihre Beute dem Löwenkönig geopfert, der nun in aller Ruhe zu fressen begann.

Wie benebelt kroch Nuru aus dem Gebüsch. Seine Pfoten trugen ihn wackelig auf Akida zu, der gerade an der dicken Büffelhaut zerrte. Obwohl der Duft des Fleisches einfach umwerfend war, konnte Nuru sich kaum darauf konzentrieren. Er starrte seinen Vater an, als sähe er ihn zum ersten Mal – und irgendwie war das auch so. Bisher hatte er Akida nur in der Rolle des Anführers erlebt, in der Rolle des Herrschers und Beschützers. Doch in diesem Moment stand der König als Räuber vor ihm.

Akida, der Nurus Blick zu spüren schien, hob gereizt den Kopf. Das Fell rund um sein Maul war vom Blut rot verfärbt. „Was ist? Du weißt doch, dass ich als Erster fresse. Geh zur Seite und warte, bis du dran bist!"

„Aber ... die Hyänen ..."

Verächtlich blickte Akida zu den Jägerinnen, die in der Ferne einen lockeren Halbkreis gebildet hatten. „Um die mach dir mal keine Sorgen. Sie hoffen, dass am Ende etwas für sie übrig bleibt, genau wie die Geier. Aber solange ich hier bin, werden sie sich nicht an meine Beute heranwagen."

„An *deine* Beute?", fragte Nuru und duckte sich. Es war dumm, einen Erwachsenen beim Fressen zu stören. Aber vor allem war es dumm, einem ausgewachsenen, hungrigen Löwen auf die Nerven zu gehen. Genau das schienen auch die Hyänen zu

denken. Sie wichen noch etwas weiter zurück, als Akida ärgerlich knurrte.

„Natürlich ist es meine Beute! Der Büffel stammt schließlich aus *meinem* Revier, oder etwa nicht? Sei froh, dass ich ihn rechtzeitig gefunden habe und du später von ihm fressen darfst. Andernfalls würden ihn diese Diebe samt Huf und Haar verschlingen!"

Nach einem letzten Zähneblecken widmete sich Akida wieder dem Kadaver, und Nuru machte, dass er wegkam. Eigentlich hätte er einfach mit etwas Abstand warten können, bis er an der Reihe war, doch er rannte zurück zu den Büschen. Auf einmal wollte er nur fort von dieser fremden Beute, fort von den Hyänen, die im Hintergrund lauerten. Hastig schob er sich zwischen die Zweige, dann hielt er überrascht inne. Dort, wo er sich eben noch versteckt hatte, saß nun jemand anderes.

Jemand mit flauschigem Tüpfelfell und einem orangeroten Schopf.

„Lela?" Nuru sog die Luft durch die Nase ein. Ihr Geruch war ihm schon auf seltsame Weise vertraut. „Was machst du denn hier?"

„Ich wollte meinem Clan bei der Jagd zusehen, und

natürlich hätte ich auch gerne von diesem Büffel gekostet. Aber dein Vater war schneller.“ Lela spähte kurz ins Freie, dann legte sie seufzend den Kopf auf die Vorderpfoten.

Nuru traute seinen Augen nicht. Sollte das die bissige, furchtlose Hyäne sein, mit der er am Morgen gerauft hatte? Von ihr hätte er erwartet, dass sie Akida aus ihrem Versteck heraus zornig anfunkelte, aber sie wirkte nur ein bisschen enttäuscht.

„Regst du dich denn gar nicht darüber auf, dass … dass König Akida …“

„Uns überfallen hat? Tja, es ist ärgerlich, weil es zum zweiten Mal innerhalb weniger Tage passiert. Aber ich nehme an, sobald die Herden kommen, hört das für eine Weile auf.“ Lela kaute unbekümmert an ihren Zehen, aber Nuru konnte sich immer noch nicht beruhigen. Er hatte das Gefühl, als wäre er von eiskaltem Wasser getroffen worden.

„Vor Kurzem habt ihr *auch* eure Beute verloren?“

„Ja, ist aber nicht der Rede wert. Zum Ausgleich haben wir uns das Warzenschwein von dir und deiner Mutter geschnappt.“ Lela warf noch einen Blick aus dem Versteck, ehe sie den Kopf wieder auf ihre Pfoten sinken ließ. Akida würde eine ganze Weile mit dem Büffel beschäftigt sein.

Nuru schüttelte sich, um das Kalte-Wasser-Gefühl loszuwerden. „Ich verstehe das einfach nicht. Meine Mutter habt ihr so lange geärgert, bis sie nachgegeben hat. Aber jetzt, bei König Akida, sind deine Clanschwestern einfach weggelaufen! Sie haben noch nicht mal versucht, die Beute zu verteidigen!"

Eine Weile blieb Lela regungslos liegen. Im Halbdunkel sah es fast so aus, als wäre sie eingeschlafen. Wie konnte sie nur dermaßen ruhig sein, wenn ihr Clan immer wieder beraubt wurde?

Sie, die Jäger, und wir, die Räuber! In Nurus Kopf schwirrte wieder alles durcheinander. Er erschrak, als Lela auf einmal die Schnauze zu ihm drehte und ihn leicht in die Seite kniff. „Weißt du, Erdmännchen ... wir Hyänen sind die geborenen Kämpfer. Jede von uns kommt schon mit Zähnen auf die Welt und fängt sofort an, um sich zu beißen."

„Das glaub ich dir sofort." Nuru zuckte vielsagend mit dem Ohr, das Lela bei ihrer Rauferei erwischt hatte.

Schelmisch blinzelte sie ihn an. „Ja, es ist sicher gut, dass ich keine Zwillingsschwester habe. Ihre Ohren würden sonst noch schlimmer aussehen als das eine von Kesi! Aber weil wir so geübt im Kämpfen sind, wissen wir auch, mit welchen Gegnern wir uns lieber nicht anlegen sollten. Ein ausgewachsener Löwe gewinnt. So ist es nun mal."

Das klang wie etwas, das auch Akida gesagt hätte. In der Savanne ging es immer darum, wer der Stärkere war – zumindest hatte Nuru das gedacht. Aber jetzt fühlte es sich so an, als wäre alles verschwommen und verdreht. Hatte es etwas mit Stärke zu tun, anderen die Beute zu rauben?

„Nun lieg doch nicht da wie ein Haufen Elefanten-Dung." Lela zwickte ihn wieder, diesmal ein klein wenig fester. Vielleicht war das ihre Art, jemanden aufzuheitern. „Sieh mal, es ist einfach ein ständiges Hin und Her: Manchmal stehlen wir euer Futter, manchmal stehlt ihr unseres. Vielleicht kommt dir das nicht schön vor, aber es funktioniert. So gesehen sind der Flussclan und das Flussrudel ein ziemlich gutes Team! ... Obwohl wir euch natürlich trotzdem hassen. Das ist hoffentlich klar."

„Nicht so sehr wie wir euch." Bevor sie ihn ein drittes Mal zwicken konnte, patschte Nuru ihr schnell auf die

Nase. Schlagartig hatte er begriffen, was Tante Oyana ihm in der vergangenen Nacht erklärt hatte: *Man muss niemanden vertreiben, wenn er einem nützlich ist.* König Akida würde die Hyänen also niemals fortjagen, egal, wie wenig er sie mochte. Während Nuru Lelas kleine dunkle Schnauze abwehrte, wusste er plötzlich nicht mehr, ob er darüber wirklich traurig war.

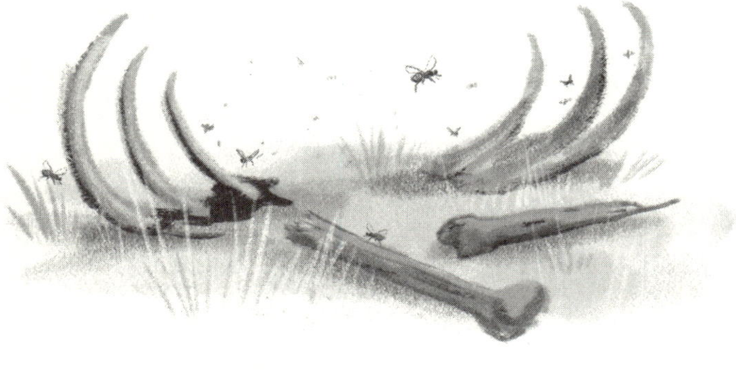

14. Kapitel:
Ein Wald aus Hörnern

Als Nuru am nächsten Morgen aufwachte, spürte er gleich, dass nicht alles so war wie sonst. Irgendetwas lag in der Luft – aber es war noch zu schwach, um es zu erkennen. Nuru wusste nicht einmal, ob es ein Duft war oder ein Geräusch. Er merkte nur, dass er sich plötzlich so angespannt fühlte, als beobachtete er seine Mutter bei der Jagd.

Verunsichert drehte er den Kopf und stellte fest, dass die Löwinnen alle aufmerksam in dieselbe Richtung blickten. Kein Zweifel, sie spürten es auch. Nicht einmal Akida döste vor sich hin, obwohl er das um diese Zeit sonst immer tat. Seine dunkle Schwanzquaste, die hinter dem Stamm der Akazie hervorschaute, zuckte unruhig über den Boden.

„Was ist los?" Nuru schob sich zwischen seine Mutter und Oyana. „Was passiert gerade?"

Aus Tante Oyanas Brust drang ein tiefes, warmes Brummen. Da erst begriff Nuru, dass die Löwinnen nicht besorgt oder verängstigt waren. Er blickte in das vernarbte Gesicht seiner Tante und fand etwas, das er schon lange nicht mehr darin gesehen hatte: Zufriedenheit. Oyanas Ohren standen ein bisschen schief, ihr Maul war geschlossen, und sie schaute blinzelnd ins goldene Morgenlicht. „Es ist das Wunder, kleiner Prinz."

Nuru sprang auf, als hätte ihn eine Schlange gebissen. Trotz der morgendlichen Kühle wurde ihm vom Kopf bis zur Schwanzspitze heiß. „Aber dann müssen wir doch sofort zum Fluss!", stieß er hervor.

„Noch nicht." Penda legte sich nieder und zog die verschlafenen Zwillinge näher an sich heran, um sie trinken zu lassen. Binti und Sadiki schienen als Einzige nichts Außergewöhnliches zu bemerken. Sie freuten sich nur, dass ihre Mutter auf einmal so großzügig mit ihrer Milch war. Nuru aber wusste genau, was das bedeutete: Die Zeit des Hungers war vorüber. Am liebsten wäre er einfach losgerannt, doch Salama nahm ihn ebenfalls zwischen die Pranken. Mit ihrer rauen Zunge begann sie, sein Fell zu striegeln, so als hätten sie es überhaupt nicht eilig.

„Es wird noch eine Weile dauern, bis sie das Flussufer erreicht haben", meinte sie. „Und dann stehen sie oft lange herum, ehe sie sich ins Wasser trauen!"

„Aber, Mama ..." Nuru wand sich kurz, dann gab er nach. Wenn er brav war, durfte er die Erwachsenen später hoffentlich begleiten! Also versuchte er, was er am allerschlechtesten konnte: geduldig zu sein. Es fiel ihm immer schwerer, je näher die Herden kamen. Schon bald konnte er den Schweiß der Pflanzenfresser riechen, und er hörte ihr vielstimmiges Blöken, das ihn zum Zittern brachte. Fast wäre er zusammengezuckt, als Salama sich endlich erhob.

„Es ist so weit", verkündete sie.

Sofort standen auch Penda und Oyana auf. Nur Akida machte keine Anstalten, seinen Lieblingsplatz zu verlassen. Nicht einmal ein Wunder konnte den Löwenkönig von seiner Mittagsruhe abhalten, doch er beobachtete die Jägerinnen viel weniger streng als sonst. „Diesmal werdet ihr Erfolg haben, nicht wahr?", fragte er.

Auch Salama wirkte versöhnlich, als sie Akida einen letzten Blick zuwarf. „O ja, auf das Wunder ist Verlass", sagte sie und wandte sich zum Gehen. Nuru befürchtete, dass er gleich – wirklich jeden Moment! – vor Spannung durchdrehen würde.

Lass mich mitkommen, bettelte er seine Mutter in Gedanken an. Ich werde auch nie mehr auf dir herumklettern, wenn du schlafen willst. Oder dir mit Anlauf in den Nacken springen. Oder dir etwas stibitzen, während du frisst ...

„Worauf wartest du?", fragte Salama und schaute zu ihm zurück. Noch nie hatte es ein Löwenkind gegeben, das schneller zwischen seinen Cousins hervorgeschossen kam als Nuru. Ausgelassen sprang er um die Löwinnen herum, stieß gegen ihre Flanken und schnappte nach ihren Pfoten. Normalerweise hätte er sich damit ein Knurren eingehandelt, doch an diesem Tag war alles anders. Salama und die Tanten versuchten gar nicht erst, sich dem Fluss unauffällig zu nähern. Selbst ihr Gebrüll hätte keinen Unterschied gemacht. Die Herden würden kommen, so sicher wie Regen- und Trockenzeit. Mit jedem Schritt konnte Nuru sie deutlicher hören und riechen, aber das war nichts im Vergleich zu dem Anblick, der ihn am Fluss erwartete.

Das andere Ufer war mit braunen Leibern übersät. Auch ein paar Zebras mischten sich darunter, aber vor allem waren es Gnus – Bullen, Kühe und Kälber, so weit das Auge reichte. Ihre Hörner bildeten einen

Wald, und ihre Hufe wirbelten riesige Staubwolken auf. Undeutlich sah Nuru in der Ferne, dass immer mehr Tiere herandrängten. Ihr Blöken war jetzt fast ohrenbetäubend. Tante Oyana hatte nicht zu viel versprochen: Es war ein Wunder, dass all diese Pflanzenfresser den weiten Weg bis hierher geschafft hatten. Ein Wunder, dass es solche Massen von Pflanzenfressern überhaupt *gab*!

Allerdings sah es nicht danach aus, als wollten sie den Fluss tatsächlich überqueren. Obwohl die nachrückenden Tiere immer stärker vorwärtsdrängten, blieben diejenigen in der ersten Reihe wie angewurzelt stehen. Die Zebras taten sogar, als ginge sie das alles überhaupt nichts an, und drehten die Köpfe weg.

Salama kauerte sich hinter einen Strauch, während Penda und Oyana ein Stück entfernt in Deckung gingen. Stumm beobachteten sie die braune und schwarz-weiße Flut, die sich am anderen Ufer staute.

„Zebras sind vorsichtig“, erklärte Salama. „Ich nehme an, sie werden mindestens bis zum Abend warten, ehe sie auf unsere Seite kommen.“

„Warten? Aber worauf denn?“, wollte Nuru wissen.

„Darauf, dass die Krokodile sich satt gefressen haben."

Nurus Fell sträubte sich. Mit klopfendem Herzen ließ er seinen Blick den Fluss entlangwandern. Hatte sich zwischen den Felsen nicht etwas bewegt? Dort ragten doch Zacken aus dem Wasser, gleich mehrere Reihen nebeneinander! Es war eine ganze Horde von Krokodilen, die genauso sehnsüchtig warteten wie die Löwen. Wenn die Pflanzenfresser etwas von dieser Gefahr ahnten, würden sie sich bestimmt nicht auf den Weg machen!

Doch anders als die Zebras schienen die Gnus langsam ungeduldig zu werden. Wie gebannt starrten sie auf den Fluss, während sie ihren ganzen Mut zusammennahmen. Hinter ihnen gab es nur noch

trockenes, abgeweidetes Land. Die Wanderung musste fortgesetzt werden, egal zu welchem Preis! Nuru spannte all seine Muskeln an, während die Gnus sich immer weiter über das Wasser beugten ...

Dann stürzte eines der Tiere in den Fluss. Es war kein vorsichtiges Herantasten, sondern ein hoher, tollkühner Sprung. *Augen zu und durch!* Mit einem Platschen landete das Gnu im Wasser, und da gab es auch für die anderen kein Halten mehr. Auf einmal prasselten die Tiere wie eine Steinlawine vom Ufer. Dicht gedrängt schwammen sie los, erst nur drei oder vier nebeneinander, dann immer mehr. Es sah aus, als führte eine lebendige Brücke quer über den Fluss. Gingen schwächere Tiere bei diesem Tumult unter? Wurden einige von Krokodilen geschnappt? In dem

Durcheinander aus Hörnern, Hufen und spritzendem Wasser konnte Nuru es nicht erkennen. Er sah nur das, worauf es letztendlich ankam: Die meisten von ihnen schafften es. Mühsam erklommen sie das andere Ufer, rutschten auf dem steilen Hang aus, entwirrten ihre dürren Beine und rannten weiter. Gemeinsam bildeten sie einen zweiten Fluss, der sich unaufhaltsam ins Grasland hineinwälzte.

Der Anblick verschlug Nuru den Atem. Schon oft hatte er gesehen, wie tapfer erwachsene Löwen sein konnten, aber die Entschlossenheit dieser Pflanzenfresser übertraf alles. Er merkte kaum, wie Salama den Platz neben ihm verließ. Als er sich kurze Zeit später nach ihr umblickte, stellte er fest, dass sie bereits mit der Jagd begonnen hatte. Allerdings war es unmöglich, sich in diesem Trubel an ein einzelnes Tier heranzuschleichen. Salama pirschte also nicht, sondern stürmte einfach mitten in die Herde. Sie erreichte eines der galoppierenden Gnus, sprang hoch und biss in seinen Nacken. Mit ihrem ganzen Gewicht versuchte sie, es zu Fall zu bringen. Ein paarmal drehten die beiden sich im Kreis, dann verlor Salama den Halt. Das Gnu riss sich los und lief einige Schritte, bevor es abbremste.

Wäre es weitergerannt, hätte Salama es sicher gleich wieder erwischt. Nun aber wandte es sich um, und sie sahen einander in die Augen: die Löwin und das Gnu, die Jägerin und die Beute. Beide keuchten heftig, ansonsten rührten sie sich nicht.

Nervös rutschte Nuru in seinem Versteck hin und her. Salama musste irgendetwas tun! Wieso ging sie denn nicht zum Angriff über? Er traute seinen Augen kaum, als sich das Gnu als Erstes in Bewegung setzte.

Mit gesenktem Kopf trabte es auf Salama zu, und die Spitzen seiner Hörner zeigten geradewegs auf ihr Gesicht.

Salama war klug genug, um zu wissen, dass sich alles verändert hatte. Dieser Pflanzenfresser hatte plötzlich aufgehört, Beute zu sein. Jetzt war er kein Opfer mehr, sondern eine Gefahr. Mit einem Sprint brachte die Löwin sich in Sicherheit, während das Gnu unter lautstarkem Blöken in seiner Herde verschwand.

15. Kapitel:

Tanzende Krokodile

Das Jagdpech hielt nicht lange an. Bis zum Abend hatten die Löwinnen gemeinsam zwei Gnus erlegen können. Bei so viel Beute mussten auch die Jungen sich nicht zurückhalten. Binti und Sadiki bekamen ihre erste feste Mahlzeit, und sie drehten vor Aufregung beinahe durch.

„Ich liiiebe Fleisch", fiepte Sadiki, der mit seinen winzigen Zähnchen angestrengt einen Knochen bearbeitete.

„Ich liebe es noch viel mehr." Schnaufend zerrte Binti an einem Stück Haut.

„Ich liebe es so sehr, dass ich nie wieder aufhören werde zu fressen!" Sadiki umklammerte den Knochen mit beiden Pfoten, verlor das Gleichgewicht und kippte zur Seite.

Im nächsten Augenblick gaben die Zwillinge sich geschlagen. Erschöpft, aber glücklich, krochen sie zwischen Pendas Pfoten und fingen sofort an zu schnarchen.

Auch die Erwachsenen schafften es kaum noch, die Augen offen zu halten. Nuru konnte sich nicht erinnern, sein Rudel jemals so satt und zufrieden erlebt zu haben. Allerdings schienen ihre prall gefüllten Bäuche beim Liegen nicht gerade bequem zu sein. Akida wälzte sich von einer Seite zur anderen, dann stand er keuchend auf. Eine Weile döste er im Stehen vor sich hin, bis er es schließlich doch schaffte, eine angenehme Position auf dem Boden zu finden. Kurze Zeit später waren alle Mitglieder des Flussrudels tief und fest eingeschlafen.

Alle, bis auf Nuru. Natürlich hatte auch er seinen Hunger gestillt, aber er war längst nicht so voll wie die Erwachsenen. Sein Magen bot einfach noch nicht genug Platz für solche Fressgelage. Also rekelte er sich eine Weile zwischen den Zwillingen, bis er die Langeweile nicht mehr aushielt. Prüfend hob er den Kopf und spähte in die Runde. Erwachsene und Babys waren so dicht zusammengekuschelt, dass man kaum erkennen konnte, wo ein Körper aufhörte und der andere anfing. Eigentlich hätte dieser Anblick Nuru beruhigen müssen, aber tief in seinem Inneren spürte er dasselbe Kribbeln wie am frühen Morgen. Das Wunder war noch nicht vorbei! Während die Gnuherden sich ringsum im Grasland ausgebreitet hatten, standen die Zebras wohl nach wie vor auf der anderen Seite des Flusses und warteten auf den richtigen Moment.

Vorsichtig löste Nuru sich aus dem Kuschel-Knäuel und stand auf. Ja, er hatte beschlossen, sich besser zu benehmen, aber dafür war später immer noch Zeit. Jetzt musste dringend das Wunder beaufsichtigt werden – und wer außer ihm sollte das machen, wenn die Erwachsenen bloß auf der faulen Haut lagen?

Den Weg zum Fluss hätte Nuru sogar mit geschlossenen Augen gefunden. Dafür brauchte er nur den Zebrastimmen zu folgen, die nun immer wieder zwischen dem Blöken der Gnus hervorschallten. Ihre Rufe waren schrill und kurz, fast wie ein Kläffen. Man konnte deutlich hören, wie aufgeregt sie waren. Den ganzen Tag hatten sie dabei

zugesehen, wie die Gnus sich todesmutig in die Fluten stürzten, wie sie kämpften und dann auf neuem Weideland zur Ruhe kamen. Jetzt wollten auch die Zebras ihr Glück versuchen.

Als Nuru die Uferböschung erreichte, stellte er fest, dass sie bereits mit der Überquerung begonnen hatten. Bei ihnen herrschte aber längst nicht so ein Chaos wie bei den Gnus. Vielleicht wollten sie verhindern, dass sie einander durch zu viel Gedränge zum Stolpern brachten. Vorsichtig stiegen sie ins Wasser und schwammen mit reichlich Abstand zueinander los. Es hätte eine gute Strategie sein können, dachte Nuru – wären da nicht die Krokodile gewesen. Eingepfercht zwischen vielen anderen Tieren, standen die Chancen gut, einem Jäger zu entwischen. Aber ohne dieses wilde Durcheinander war jedes Zebra den Angreifern schutzlos ausgeliefert.

Nurus Augen weiteten sich, als er ein Fohlen entdeckte. Tapfer strampelte es durch den Fluss, obwohl es immer wieder bis an die Nüstern einsank. Manchmal erhaschte Nuru einen Blick auf seinen Rücken, der noch babyhaft flauschig und braun gestreift war. Seine Mutter, die mit den Hufen bis auf den Grund kam, watete dicht hinter ihm her. Endlich hatte das Fohlen das Ufer erreicht und taumelte an Land. Auf den nassen Steinen rutschte es mehrmals aus und fiel auf die Knie. Es fand sein Gleichgewicht erst wieder, als es trockenen Boden unter den Hufen hatte. Ängstlich blickte es sich nach seiner Mutter um, die gerade zu ihm aufholen wollte – da schoss hinter ihr ein schuppiger Körper aus dem Wasser. Nuru schreckte zurück, obwohl er weit von dem Krokodil entfernt war. Die Zebrastute aber schaffte es nicht mehr rechtzeitig, sich in Sicherheit zu bringen. Blitzschnell klappte das Krokodil sein Maul zu und erwischte die Stute am Schwanz.

Das Bild schien vor Nurus Augen zu erstarren. Mit etwas Verzögerung begriff er, dass am Ufer ein stilles Kräftemessen begonnen hatte: Das Krokodil zerrte unerbittlich am

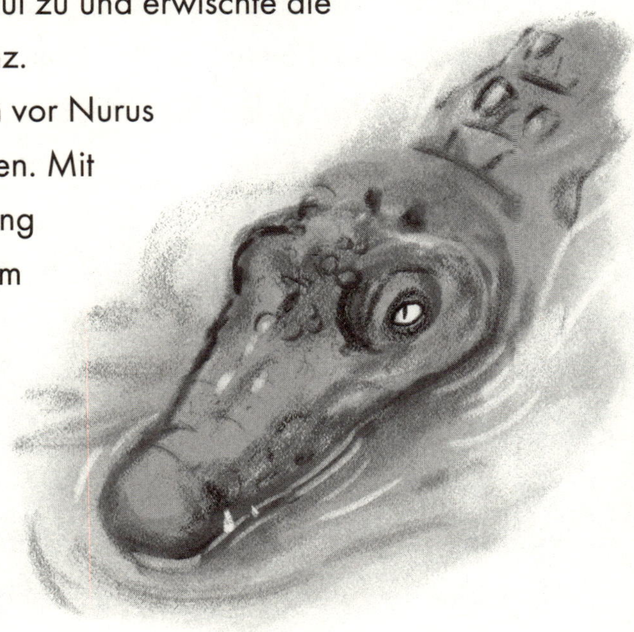

Schwanz der Stute, aber sie wollte nicht aufgeben. Zu ihrem Pech konnte sie allerdings nicht ihre Hufe einsetzen, um sich zu wehren. Beim Ausschlagen hätte sie den Halt verloren und wäre rückwärts in den Fluss gezogen worden. Also stemmte sie die Beine fest in den Boden, während sie den Hals immer weiter in Richtung ihres Fohlens streckte.

Sie schafft es nicht, schoss es Nuru durch den Kopf. Sie kann sich nicht befreien. Auf keinen Fall ist sie stärker als dieses riesige Krokodil!

Doch plötzlich ging ein heftiger Ruck durch den Körper der Stute. Sie riss sich los, sauste zu ihrem Kind, und die beiden flohen Seite an Seite die Böschung hinauf. Dem Krokodil schien allmählich zu dämmern, was gerade passiert war. Träge sank es zurück ins tiefere Wasser, und falls es dabei irgendetwas dachte, so war es bestimmt: *Unterschätze niemals die Stärke einer Mutter.*

Nuru brauchte einen Moment, um sich zu sammeln. Benommen hockte er da, bis aus heiterem Himmel etwas Schweres, Flauschiges auf seinem Rücken landete. Er erkannte Lela sofort an ihrem Geruch.

„Du schon wieder?" Nuru rollte sich zur Seite, um

die kleine Hyäne abzuschütteln. Sie kullerte ins Gras und blieb gleich dort liegen, ihren typischen frechen Ausdruck im Gesicht.

„Na klar! Wenn so viele Besucher in mein Revier strömen, muss ich sie doch willkommen heißen!"

„Du meinst in *mein* ..." Nuru seufzte, dann ließ er sich neben Lela fallen. Man konnte ihr ansehen, dass sie ordentlich gefressen hatte: Ihr Bäuchlein war kugelrund, aber satte Schläfrigkeit suchte man bei ihr vergeblich. Anscheinend war sie von derselben kribbeligen Aufregung erfüllt wie Nuru. „Hast du das mit dieser Zebramutter gesehen?", fragte er. „Ich wusste gar nicht, dass Beutetiere sich so gut verteidigen können!"

Lela blinzelte in die Abendsonne. „Sie finden sich eben nicht immer damit ab, dass sie Beutetiere sind. Stell dir mal vor, du hättest so eine weite Reise hinter dich gebracht, nur um in irgendeinem Bauch zu landen ..." Sie zögerte kurz, dann sprang sie auf und tänzelte um Nuru herum. „Aber das kannst du dir ja gar nicht vorstellen. Du wärst sowieso schon auf halbem Weg abgesoffen!"

„Ich glaube, *du* solltest dringend in irgendeinem Bauch landen!" Nuru rappelte sich auf, doch anstatt

Lela zu verfolgen, lenkte er seinen Blick wieder zum Fluss. Inzwischen hatten es viele der Zebras auf die andere Seite geschafft, und die Krokodile wirkten nun zu beschäftigt, um anzugreifen. Mehrere von ihnen drängten sich bei zwei Felsen zusammen, wo der Kadaver eines Gnus hängen geblieben war. Ihre Mäuler schnappten zu, dann drehten sie sich erstaunlich geschickt um die eigene Achse. Mit dieser Rollbewegung schafften sie es, Fleisch aus dem toten Gnu zu reißen. Fasziniert beobachtete Nuru die gewaltigen Körper, die das Wasser zum Schäumen brachten. Immer wieder bogen sie zwischendurch den Hals nach oben und verschluckten mit klapperndem Maul große Bissen. Sogar aus der Entfernung glaubte Nuru, die Bewegung ihrer hellen, schuppigen Kehlen zu erkennen.

„Sehr gut, sie räumen auf." Lela setzte sich dicht neben Nuru ins Gras. „Ich meine, sie fressen die Kadaver von denen, die es nicht bis zur anderen Seite geschafft haben. Sonst wäre der Fluss bald voller toter

Zebras und Gnus, und die könnten uns alle krank machen. Aber die Krokodile sorgen dafür, dass nichts von den Kadavern übrig bleibt."

Nuru riss sich vom Tanz der Krokodile los, um sie anzusehen. „Wie ... nett."

„Allerdings! Und wir netten Hyänen erledigen dasselbe an Land." Zufrieden fuhr Lela mit der Zunge über ihre Lefzen. Dass Hyänen ihre Beute restlos verschlangen, hatte Nuru immer gierig und ekelhaft gefunden. Jetzt verstand er zum ersten Mal, dass es vor allem praktisch war. Vieles von dem, was eine Hyäne fressen konnte, hätte ein Löwe wahrscheinlich gar nicht vertragen.

„Ja, ja, ihr seid toll. Ich hab's begriffen." Nuru verpasste Lela einen sanften Pfotenhieb.

Erstaunt öffnete sie das Maul, und ihre Augen blitzten. „Wir sind *was*?"

„Zwing mich nicht, es zu wiederholen."

„Zwing mich nicht, dich zu zwingen!" Lela schnappte nach ihm, aber Nuru hatte den Eindruck, dass sie sein Ohr absichtlich verfehlte. Trotzdem verlangte es seine Löwen-Ehre, dass er furchtbare Rache nahm. Er stürzte auf Lela zu, und sie rannte unter fröhlichen

Wuup-Rufen davon. Ausgelassen jagten sie einander den Fluss entlang. Dabei merkte Nuru kaum, wie weit sie sich von seinem Rudel entfernten. Erst, als er völlig außer Atem war, hielt er inne. Die Sonne hing bereits tief über dem Horizont, schon bald würde die Nacht hereinbrechen. Verflixt, ob Salama und die Tanten wohl noch schliefen?

Lela war ebenfalls stehen geblieben, obwohl sie viel weniger keuchen musste als Nuru. Kurz schaute sie ihn an, dann machte sie kehrt, als hätte sie seine Gedanken gelesen. Eine Weile liefen sie Seite an Seite zurück, bis Lela abermals stoppte. „Was ist?", drängte Nuru. „Mein Rudel darf nicht merken, dass ich schon wieder abgehauen bin!"

„Mein Clan doch auch nicht. Aber hör mal!" Lela stand ganz still, und ihr Hals wirkte noch etwas länger als sonst. Irritiert drehte Nuru die Ohren hin und her, um herauszufinden, was sie meinte. Im selben Moment, als er das Trommeln und Blöken wahrnahm, sah er auch die gewaltige Staubwolke.

Das musste eine Gnuherde sein, die in Panik war. Und sie kam direkt auf Nuru und Lela zu.

16. Kapitel:
Die Fremden

„LAUF!"

Lela wirbelte herum und stürmte los, während es in der Ferne grollte wie ein Gewitter. Vor Schreck blieb Nuru zunächst einfach an ihrer Seite. Geradeaus flüchtete er mit ihr vor der Staubwolke – dann begriff er, dass das keinen Sinn hatte. Sie würden niemals schneller sein als Gnus, die um ihr Leben rannten.

Mit ein paar Sprüngen überholte er Lela und brachte sie zum Stoppen. „Nicht in dieselbe Richtung wie sie! Dort hinüber!" Wieder raste er los, aber diesmal quer an der Staubwolke vorbei.

Sie mussten nur rechtzeitig den Weg frei machen, damit sie nicht zertrampelt wurden!

Dieser Gedanke ließ Nuru noch schneller laufen. Es kam ihm so vor, als dröhnte das Trommeln der Hufe durch all seine Knochen. Dann war die Herde direkt hinter ihnen, die Erde bebte, Staub hüllte sie ein. Mit letzter Kraft sprang Nuru über einen kleinen Hügel, und Lela warf sich neben ihn. Zitternd schauten sie zu, wie die Gnus an ihnen vorbeipreschten.

„Das", keuchte Lela wie nach ihrer Flucht vor dem Krokodil, „wäre um ein Haar schiefgegangen." Sie stellte die Vorderpfoten auf den Hügel und beobachtete mit weit aufgerissenen Augen die fliehenden Gnus. „Was ist denn mit denen los? Die wollten doch bestimmt nicht wieder in Richtung Fluss. Jemand muss sie von ihrem Ruheplatz verscheucht haben!"

„Aber wer soll das gewesen sein?" Nuru wagte sich jetzt ebenfalls aus dem Versteck, obwohl sein Herz immer noch heftig flatterte. „Mein Rudel bekommt heute keinen Bissen mehr runter, und ich wette, auch alle anderen Raubtiere in dieser Gegend sind längst satt. Oder hat dein Clan vielleicht noch nicht genug Beute gemacht?"

„Ach was, die sind kurz vorm Platzen." Lela zögerte, während sie noch einen Moment lang der Herde nachblickte. Dann schaute sie Nuru unternehmungslustig an. „Wir können aber leicht herausfinden, wer das war. Wenn sie eines der Gnus erwischt haben, sind sie wahrscheinlich gerade dabei, es zu fressen – und zwar ganz in der Nähe. Los, komm mit!" Ungerührt begann sie, genau dorthin zu laufen, von wo die Herde geflüchtet war. Nuru folgte ihr über das zertrampelte Gras, bis sein Blick an einem Baum hängen blieb. Er war ganz anders gewachsen als die Akazie, an der sich das Flussrudel immer versammelte: Sein Stamm gabelte sich knapp über dem Boden, und einer der dicken Äste führte wie eine schiefe Brücke in die Krone hinauf.

Aufgeregt stemmte Nuru die Pfoten gegen den Baum. „Von dort oben können wir die Jäger vielleicht sehen!", rief er. Doch Lela wich mit ungewöhnlicher Scheu zurück.

„Nicht nötig. Wir müssen einfach nur den Geiern folgen. Schau mal, direkt unter ihnen liegt sicher die Beute!" Sie spähte zum Abendhimmel, an dem ein paar dunkle, längliche Flecken kreisten. Was die

Vögel fixiert hatten, konnten Nuru und Lela allerdings nicht erkennen, weil ein paar Sträucher die Sicht versperrten.

Zweifelnd drehte Nuru den Kopf. „Du willst so nahe an fremde Jäger heran? Was, wenn es mehrere Geparde sind, oder Leoparden?"

„Auch wahr. Vielleicht lassen wir's lieber und kehren um." Lela begann, an einer ihrer Pfoten zu knabbern, als gäbe es nichts Wichtigeres als das. Eine Weile schaute Nuru ihr ungläubig dabei zu, dann ging ihm ein Licht auf.

„Ha! Du kannst nicht klettern, hab ich recht?!"

Ertappt zuckte Lela zusammen, dann reckte sie hoheitsvoll die Schnauze in die Luft. „Das muss ich auch nicht können! Klettern ist was für Affen!"

„Und für alle, die einen guten Ausblick haben wollen." Nuru bohrte seine Krallen in die Baumrinde und zog sich den schrägen Ast hinauf. Dabei versuchte er, genauso selbstsicher zu wirken wie Lela, als sie ihre Schwimmkünste vorgeführt hatte. „Sie schafft es nicht zu klimmen, mit ihr kann was nicht stimmen", spottete er. „Sie hockt nur bei den Wurzeln ... aus Angst hinabzupurzeln!"

„Jaja, schon gut." Lela lief ungeduldig vor dem Baum hin und her. „Halte jetzt lieber mal Ausschau, Erdmännchen!"

Nuru hatte die Baumkrone fast erreicht. Knapp unter dem Blätterdach stoppte er und legte die Vorderpfoten über die nächste Astgabel, um sicheren Halt zu finden. Dann spähte er zu der Stelle, an der die Geier inzwischen gelandet waren. Dort lagen zwei Kadaver im

Gras, doch die Vögel wagten nicht, sich darüber herzumachen. Niemand bei klarem Verstand hätte das getan – denn die Jäger, die gerade ihren Hunger stillten, waren zwei ausgewachsene Löwen.

Vor Staunen wäre Nuru beinahe abgestürzt. So weit es ging, beugte er sich in der Astgabel nach vorn und betrachtete die Fremden. Er hatte noch nie ein anderes erwachsenes Löwenmännchen gesehen als seinen Vater, und die zwei unterschieden sich deutlich von Akida. Ihre Mähnen waren heller und weniger dicht, also mussten sie jünger sein, aber sie kamen Nuru genauso mächtig vor. Gierig zerfleischten sie die Gnus, und es sah nicht so aus, als dürften die Geier auf baldiges Futter hoffen.

Während Nuru die Löwen noch fasziniert anstarrte, fuhr ein Windstoß über sie hinweg. Er trug ihren Duft direkt in Nurus Nase, und auch Lela unter dem Baum begann, lautstark zu schnüffeln. „Stinkst du plötzlich noch mehr als sonst, oder ..."

„Es sind Löwen! Zwei ganz große Männchen, und stell dir vor: Jeder von ihnen konnte ein Gnu reißen!"

Lela schnüffelte immer noch, und es hörte sich nicht gerade begeistert an. „Tja, vielleicht gibt es doch

Männchen, die was draufhaben. – Also, hin und wieder. Selten bis nie."

Aber Nuru war immer noch zu gebannt vom Anblick seiner Artgenossen, um auf sie zu achten. Bewundernd schaute er zu, wie einer der Löwen einen Beinknochen zwischen die Pranken nahm und mit den Zähnen zerknackte. „Wenn ich ausgewachsen bin, will ich genauso sein", träumte er vor sich hin.

„Du bist ihnen sicher schon jetzt irgendwie ähnlich."

„Im Ernst?"

„Ja. Du hast auch ... zwei Augen und vier Pfoten." Etwas nervös richtete Lela sich am Stamm der Akazie auf und fiepte leise. „Lass uns lieber von hier verschwinden. Wenn sie uns sehen, denken sie vielleicht, wir möchten ihnen was klauen!"

Nur widerwillig ließ Nuru sich am schrägen Ast zu Boden gleiten. Er hätte seine neu gefundenen Verwandten zu gerne noch eine Weile beobachtet, aber Lela hatte recht: Beim Fressen verstanden Löwen keinen Spaß. Außerdem war es jetzt allerhöchste Zeit, dass er zu seinem Rudel kam! Also machten sie sich wieder auf den Weg, und diesmal rannten sie ohne Pause, bis sie in der Ferne die Akazie des Flussrudels

erblickten. Von den erwachsenen Löwen war allerdings nichts zu sehen. Es rief auch niemand nach Nuru. Anscheinend schlummerten sie noch dicht gedrängt unter dem Baum, und Nurus Ausflug war unbemerkt geblieben.

„Puh, ein Glück. Wenn ich mich schnell zu ihnen lege, wird es sein, als wäre ich nie weg gewesen."

Lela blinzelte. „Das heißt, du kannst in der Nacht ruhig wieder abhauen."

„Stimmt. Und du vielleicht auch."

„Man könnte sich begegnen. Ganz zufällig."

„Zum Beispiel genau hier. Ganz zufällig!" Nuru versetzte Lela einen kleinen Schubs, dann huschte er zu seinem Rudel. Es gelang ihm tatsächlich, zwischen

Salamas Pfoten zu kriechen, ohne jemanden zu wecken. Aber als es darum ging, sich schlafend zu stellen, hatte er überhaupt keinen Erfolg.

„Was ist denn mit dir los?" Brummend öffnete Salama die Augen. „Du zappelst ja, als hättest du dich in rote Ameisen gelegt!"

Nuru konnte sich nicht länger beherrschen. „Mama, warum hast du mir nie erzählt, dass wir Verwandte in unserem Revier haben?", platzte es aus ihm heraus.

„Ich glaube, du träumst, mein Sohn." Salama legte eine ihrer riesigen Pranken quer über Nurus Bauch, um ihn zu beruhigen.

„Tu ich nicht!", protestierte Nuru und zappelte noch mehr. „Wieso denkst du das?"

„Du weißt doch, was passiert, wenn in unserem Rudel jemand erwachsen wird", antwortete Salama. „Die Löwinnen bleiben bei uns, und die Löwen ziehen los, um sich ihr eigenes Revier zu suchen. Genau das werdet auch Sadiki und du machen, wenn ihr alt genug seid."

Sadiki, der sich ein eigenes Revier suchte? Diese Vorstellung war einfach zu komisch. Wahrscheinlich würde er versehentlich in irgendein Schlammloch kullern und dann beschließen, dass das der tollste Ort auf der ganzen Welt war. – Aber Nuru hatte jetzt keine Lust, über seinen Cousin nachzudenken. Entschlossen schubste er Salamas Pranke von seinem Bauch und setzte sich kerzengerade hin. „Wir haben *sehr wohl* Verwandte in dieser Gegend. Ich hab sie gesehen, gar nicht weit von hier! Es waren zwei große Löwen, so wie der König, nur jünger, und ...“ Nuru stockte, als Salama sich vorbeugte. Sie hielt ihr Gesicht ganz nah an sein Fell, und er spürte, wie sie die Luft einsog. Dann hob sie wieder den Kopf. Ihr Maul stand so weit offen, dass all ihre Fangzähne sichtbar waren, und sie verharrte einen Moment lang mit zusammengekniffenen Augen. Nuru wusste, was das bedeutete: Salama *flehmte*. So konnte sie einen Geruch genauer überprüfen. Sicher nahm sie den Duft der beiden Löwen wahr, den der Wind zu ihm getragen hatte!

„Glaubst du mir jetzt?“ Begeistert verdrehte Nuru den Hals, um an seinem eigenen Fell zu schnuppern. Es freute ihn, so wild und stark zu riechen wie die Fremden. „Wir könnten zusammen hingehen, um sie zu treffen! Wenn sie früher mal zu unserem Rudel gehört haben, kennst du sie bestimmt, hab ich recht?“

Von Salama kam keine Reaktion. Nuru blickte auf und erwartete, sie verblüfft zu sehen, oder vielleicht verärgert, weil er schon wieder davongelaufen war. Doch sie hatte den Kopf ein wenig eingezogen, die Ohren zurückgelegt – und in ihren Augen stand pure Angst.

17. Kapitel:

Akidas Versprechen

Salamas Entsetzen fuhr wie ein kalter Windstoß über das Rudel hinweg. Plötzlich waren auch die Tanten wach, und Nuru wurde von allen Seiten beschnuppert. Er sah, dass Pendas und Oyanas Augen sich weiteten, und hörte ihr leises, beunruhigtes Knurren.

„Was habt ihr denn?" Verwirrt schaute er von einer zur anderen. „Warum regt ihr euch so auf? Es macht doch nichts, wenn zwei weitere Löwen hier jagen. Im Moment gibt es mehr als genug Beute für alle!"

Bevor seine Mutter oder eine der Tanten reagieren konnte, tauchte Akida zwischen ihnen auf. Nurus Atem stockte, als sich das Gesicht inmitten der riesigen, dunklen Mähne auf ihn zubewegte. Auch der Löwenkönig schnüffelte und flehmte, dann saß er einen Moment lang regungslos da.

„Was sollen wir tun?", drängte Penda, und ihr Schwanz peitschte den Boden. Nuru konnte sich nicht erinnern, seine junge, fröhliche Tante jemals so aufgewühlt erlebt zu haben. „Akida, wie werden wir gegen sie vorgehen?"

„Fürs Erste – gar nicht." Der König trat einen Schritt nach hinten, und sein Blick wanderte an den Löwinnen vorbei ins Leere.

Salama baute sich direkt vor ihm auf. „Was soll das heißen?", fragte sie. „*Du* hast es so weit kommen lassen, also musst du jetzt etwas unternehmen!"

„Willst du mir etwa die Schuld dafür geben, dass diese Fremden hier sind?" Gereizt hob Akida die Oberlippe und zeigte Salama seine Zähne.

„Wessen Schuld soll es denn sonst sein?", gab sie zurück. „Das Revier ist einfach zu groß, und du hast es nicht mehr geschafft, alle Grenzen zu sichern. Wahrscheinlich sind die Fremden an einer Stelle hereingekommen, an der sie keine Markierungen wittern konnten. Keine Markierung – kein Herrschaftsanspruch! Was, wenn die beiden dich nun verdrängen?"

„Das genügt!" Akida hob eine Pranke und schlug damit vor Salama in die Luft. Erschrocken zog Nuru den Kopf ein. Er war nicht sicher, ob der König seiner Mutter einfach nur drohen wollte oder ob er sie verfehlt hatte. Salama stieß ein kurzes Brüllen aus, während sie zurückwich. Wütend funkelte sie Akida an, aber sie wusste, dass sie sich keinen Protest mehr erlauben durfte. Der König hatte sich zu seiner vollen Größe aufgerichtet und grollte: „Ich werde nicht verdrängt, hörst du? Zum letzten Mal: Unser Revier ist absolut sicher! Das verspreche ich, so wahr ich euer Anführer und Beschützer bin. Wer das infrage stellt, hat im Flussrudel nichts verloren!"

Damit wandte Akida sich ab und ging davon. Wie angewurzelt blieben die Löwinnen sitzen, bis die unheimliche Stille von einem Maunzen unterbrochen wurde. „Mama, Hunger, Durst!" Binti krabbelte verschlafen zu Pendas Bauch. „Durst, Hunger, M..."

„Jetzt nicht!", wehrte Penda ihre Tochter ab. „Wir sollten uns auf die Suche nach ihnen machen. Lasst uns sehen, wie nahe sie schon gekommen sind!"

„Gut. Aber die Kleinen müssen in ein Versteck." Oyana schaute sich hektisch um, dann fiel ihr Blick auf eine nahe Buschgruppe. „Dort! Wenn sie ganz tief hineinkriechen, sind sie hoffentlich nicht mehr zu sehen!"

Ohne zu zögern, schloss Penda ihr Maul um Bintis Nacken. Oyana packte Sadiki, der gerade erst aufge-

wacht war. Der besondere Griff ließ die Zwillinge sofort erstarren. Ungehindert trugen Penda und Oyana sie zu dem Gebüsch, dann hörte Nuru den heiseren Befehlston seiner Mutter. „Du auch!", verlangte Salama.

„Aber ich bin doch kein Baby mehr! Ich bin richtig groß und ..."

„Muss ich versuchen, dich zu schleppen, mein Sohn?"

Nuru gab sich geschlagen. Widerwillig trottete er neben Salama zu den Büschen und ließ sich zwischen die kratzigen Zweige schieben. Dabei stieß er gegen Binti und Sadiki, doch keiner von ihnen bewegte sich.

Nicht einmal, als die Löwinnen fort waren, machten sie einen Mucks. Verstecken war nun mal die Spezialität von Babys. Nuru hingegen murrte ununterbrochen vor sich hin. Was, um alles in der Welt, war denn mit den Löwinnen los? Nahmen sie das Versprechen des Königs etwa nicht ernst? Allein die Vorstellung, dass Akida als Herrscher abgelöst werden könnte, erschien Nuru vollkommen verrückt. Sein Vater war schließlich der mächtigste Löwe weit und breit!

Eine Weile war er noch mit Schmollen beschäftigt, dann hörte er ein leises, beinahe geflüstertes *Wuup*. Erfreut hob er den Kopf und streckte die Nase aus dem Busch.

„Halt!", piepste Sadiki. „Du kannst doch jetzt nicht hier raus!"

Zustimmend packte Binti Nuru am Schwanz. „Außerdem war das eine Hyäne! Eine hässliche, hinkende ..."

„... grässliche, stinkende ..."

„Ihr habt ja keine Ahnung." Nuru riss sich von seiner Cousine los und schlüpfte aus dem Versteck. Lela war zur Sicherheit ein ganzes Stück entfernt stehen geblieben, aber Nuru sah auch im Dunkeln gut genug, um sie zu erkennen. Froh über die Abwechslung stürmte er auf sie zu. Lela schien sich ebenfalls zu freuen, dass sie ihn gefunden hatte. Eifrig schnüffelte sie zuerst an ihm, dann drehte sie die Schnauze in Richtung der Büsche. „Wieso warst du da drin?", wollte sie wissen. „Habt ihr Löwen jetzt eine Kinderstube wie wir?"

„Ach nein, meine Mama und die Tanten übertreiben bloß. Sie glauben, dass die zwei Fremden unserem König das Revier wegnehmen wollen. Dabei lässt er das ganz sicher nicht zu!" Missmutig beäugte Nuru das Versteck, bevor er wieder zu Lela schaute.

Die stand immer noch still am selben Fleck. Nuru wollte sie schon anstupsen, da gab sie endlich ein Geräusch von sich: ein hohes Wimmern, das eher zu einem verängstigten Baby gepasst hätte. „Euer König könnte verdrängt werden?", fiepte sie. „Das ist nicht gut ... Gar nicht gut."

„Nein, er könnte *nicht* verdrängt werden! Hast du mir nicht zugehört? Und überhaupt, was geht dich das eigentlich an?" Nuru rümpfte die Schnauze. Er hatte fest damit gerechnet, dass Lela auf seiner Seite sein würde. Sie sollte sich über das unnötige Versteck lustig machen und ihn dann zum Spielen auffordern! Aber stattdessen duckte sie sich ängstlich und winselte erneut.

„Du willst wissen, was mich das angeht?", fragte sie mit gesenktem Blick. „Es ist so – euer Anführer hat uns noch nie etwas wirklich Schlimmes getan. Er stiehlt zwar lieber von uns, als selbst zu jagen, aber damit kommen wir klar. Andere Löwen dagegen ..." Abrupt hob Lela den Kopf und sah Nuru eindringlich in die Augen. „Andere Löwen bringen jede Hyäne um, die ihnen über den Weg läuft. Nur so, ohne besonderen Grund. Ich weiß von meinen Clanschwestern, dass das früher oft passiert ist!"

Mit einem flauen Gefühl im Magen betrachtete Nuru Lelas Ohren, die an ihrem Kopf zu kleben schienen.

Ihre plötzliche Furcht verwirrte ihn, aber er wollte sich auf keinen Fall davon anstecken lassen.

„Das ist doch nicht wahr", protestierte er. „Warum sollten sie das tun?"

„Weil sie uns hassen, ganz einfach! Aber euer König ist nicht mehr der Jüngste und auch viel zu bequem, um auf uns Jagd zu machen. Deswegen geht es uns in seiner Nähe ziemlich gut."

„Spinnst du jetzt komplett?" Nuru fletschte empört die Zähne. „Mein Vater ist nicht bequem, und er wird auf keinen Fall zulassen, dass jemand anderes hier das Sagen hat. Da kannst du ganz beruhigt sein!"

Doch Lela sah überhaupt nicht beruhigt aus. „Bist du dir sicher?", bohrte sie nach. „Euer König benimmt sich gerne furchtbar gefährlich und tut, als könnte er alle Feinde locker besiegen. Aber ..." Sie zögerte kurz und wich dann fast unmerklich zurück. „Hätten wir Hyänen so ein gutes Leben unter ihm, wenn er nicht alt, faul und schwach wäre?"

Da schoss die Wut glühend heiß durch Nurus Körper. Er konnte nicht fassen, wie Lela sich benahm – und dass er sich so sehr in ihr getäuscht hatte. Eine Hyäne blieb eben eine Hyäne: unverschämt und gemein. Was hatte er sich bloß dabei gedacht, ihretwegen aus seinem Versteck zu kommen? „Weißt du, was", fauchte er mit gesträubtem Fell, „hau einfach ab! Verschwinde, und lass dich hier nie wieder blicken!"

Lela riss ungläubig die Augen auf. „Das ist nicht dein Ernst."

„O doch! Du findest also, dass mein Vater ein Schwächling ist? Wer so etwas denkt, kann mir gestohlen bleiben!" Nuru holte tief Luft und brachte etwas zustande, das beinahe wie ein Brüllen klang. Dann machte er einen Satz nach vorn, aber seine Pfoten schlugen ins Nichts. Blitzschnell hatte Lela sich umgedreht und die Flucht ergriffen. Nuru hörte noch kurz ihr Jaulen, während sie mit eingeklemmtem Schwanz davonrannte.

18. Kapitel:

Ruhe vor dem Sturm

In dieser Nacht wollte Salama nicht aufhören, Nuru zu putzen. Immer wieder fuhr ihre Zunge mit den winzigen Häkchen über sein Fell, bis er sicher war, dass sie es fast durchgeleckt hatte. Auf diese Weise schabte sie ja auch die Fleischreste von Beuteknochen!

„Mamaaa", jammerte er, „willst du, dass von mir nicht mehr übrig bleibt als ein Skelett?"

„Entschuldige, mein Kleiner." Widerstrebend zog Salama ihre Zunge zurück. „Ich möchte nur, dass du ganz sauber bist und dich niemand wittern kann ..."

„Wer soll mich nicht wittern?" Nuru strampelte, bis er es geschafft hatte, sich zwischen Salamas Pranken herumzudrehen. Ungeduldig schaute er in ihr angespanntes Gesicht. „Etwa die beiden Fremden? Aber die interessieren sich doch nicht für mich!"

Es dauerte eine Weile, bis Salama reagierte. Dann rieb sie ihre Wange an Nurus – viel zärtlicher und behutsamer, als sie es normalerweise tat. Auch Penda konnte ihre Jungen nicht genug verwöhnen. Die Zwillinge waren schon ganz durcheinander, weil ihre Mutter sich nicht einmal über die frechsten Klettertouren auf ihrem Rücken zu ärgern schien. „Mh, lecker Ooohr!“, versuchte Sadiki seinen alten Trick, mit dem er normalerweise jeden zu einer kleinen Rauferei bewegen konnte. Aber Penda ließ sich geduldig beknabbern, ohne auch nur zu grummeln. Dann stand sie vorsichtig auf, sodass Sadiki langsam von ihrem Nacken rutschte. „Ich bringe die Kleinen lieber wieder ins Versteck.“

„Gute Idee“, meinte Salama und schaute vielsagend zu Nuru.

Der rückte eilig von ihr ab. „Nein! Vergiss es! Ich krieche nicht wieder in diese stacheligen Büsche!“ Sicherheitshalber machte er sich so groß wie möglich, damit seine Mutter nicht auf die Idee kam, ihn am Nacken zu greifen. Wurde höchste Zeit, dass sie aufhörte, ihn wie ein Baby zu behandeln! „Seit ihr von eurem Streifzug zurück seid, verhaltet ihr euch noch komischer als vorher“, beschwerte er sich. „Waren die Fremden denn nicht nett?“

Salama und Oyana wechselten einen seltsamen Blick. Währenddessen trug Penda ihren Sohn mit so hastigen

Schritten davon, dass Binti sich anstrengen musste, schnell genug hinterherzuwackeln. Die drei hatten das Versteck fast erreicht, da drehte Salama sich endlich wieder zu Nuru.

„Wir haben sie nicht gesehen, nur ihre Spuren gerochen. Aber sie sind jung und kräftig und auf gar keinen Fall mit uns verwandt."

Spuren? Bedeutete das, sie hatten das Revier des Flussrudels markiert? Ein unbehagliches Gefühl machte sich in Nuru breit, aber er versuchte, sich nichts

anmerken zu lassen. „Na und?“, fragte er und stupste Salama mit der Nase an. „Akida ist sicher trotzdem stärker als sie. Außerdem sind sie vielleicht schon weitergezogen, dann müssen wir gar nicht mehr über sie nachdenken …“

„Sie werden wiederkommen. Wahrscheinlich zur Jagdzeit im Morgengrauen“, entgegnete Oyana. „Die Herden entlang des Flussufers locken sie an.“ Sie legte den Kopf auf die Vorderpfoten, und Nuru glaubte zuerst, dass sie schlafen wollte. Dann aber bemerkte er ihre Ohren, die zur Seite geknickt waren, und die weit geöffneten Augen. Anscheinend war sie gar nicht müde, sondern traurig.

Erschrocken blickte Nuru von ihr zu Salama, die wie ein Spiegelbild ihrer Cousine aussah. Ihr Kinn ruhte schwer auf ihren Pranken, und sie schaute still geradeaus.

Die Angst schlug wie eine kalte Welle über Nuru zusammen. Er schauderte, obwohl er zwischen den warmen Löwinnen lag, und miaute heiser: „Mama, was ist los? Bitte, ich muss das wissen!“

„Nein, mein Sohn.“ Salama machte Anstalten, ihn schon wieder zu putzen, aber er riss den Kopf zur Seite.

„Wenn ich nicht verstehe, was passiert, kann ich mich nicht davor in Acht nehmen!"

„Das kann keiner von uns." Jetzt war es Tante Oyana, die ihre Wange an Nuru schmiegte. Salama starrte währenddessen wieder ins Nichts – oder in die Ferne, als befürchtete sie, zwei helle Mähnen aus der Dunkelheit auftauchen zu sehen. „Kleiner Prinz, Löwenkönige werden alle paar Jahre abgelöst", erklärte die Tante sanft. „Das ist nun mal der Lauf der Dinge. Aber ein neuer Herrscher will nur die ausgewachsenen Löwinnen eines Rudels anführen und beschützen. Fremde Junge sind für ihn eine Last. Wenn die beiden Eindringlinge also kommen und Akida wirklich besiegen ..."

„... dann vertreiben sie auch mich?" Nuru lag wie versteinert an Oyanas Wange.

„Vielleicht ja, weil du schon etwas älter bist. Aber sehr kleinen Welpen ergeht es meistens noch schlimmer."

Es dauerte eine Weile, bis Nuru verstand. Das Schreckliche war zu groß, um in seinem Inneren Platz zu finden. Als er es schließlich doch begriffen hatte, wünschte er sich, den Gedanken gleich wieder loszuwerden. Das stimmte nicht – das *konnte* einfach nicht sein! Er stellte sich vor, wie Binti und Sadiki hinter den Zweigen lagen: ein zusammengekuscheltes, ahnungsloses Knäuel, das in tödlicher Gefahr schwebte ... Nein, o nein, bitte nicht. Diesen Nervensägen durfte auf keinen Fall etwas passieren!

„Wir müssen irgendwas tun", flehte Nuru und stemmte sich hoch. „Uns richtig gut verstecken, zum Beispiel ..." Gehetzt schaute er zu den Sträuchern, die ihm auf einmal nicht mehr dicht und stachelig, sondern jämmerlich dürr vorkamen. „Oder besser: davonlaufen!"

„Wohin sollten wir denn laufen?", fragte Salama traurig. „Dieses Revier ist unser Zuhause und alles, was wir kennen. Wir leben schon seit drei Königen hier." Sie streckte die Pranken nach ihm aus und zog ihn zurück auf seinen Platz.

„Aber ..." Nuru zappelte verzweifelt. „Wir können doch nicht einfach zulassen, dass so etwas geschieht!"

Salama kuschelte sich so dicht an ihn, dass er ihren Herzschlag spüren konnte. Wieder spähte sie in die Nacht hinaus, und da wurde Nuru klar, dass sie nach Akida Ausschau hielt. „Es liegt nicht bei uns, das zuzulassen oder zu verhindern", brummte sie leise, „sondern bei unserem König. Der Stärkere siegt. So ist es, so war es, und so wird es immer sein."

Als hätte sie Akida auf diese Weise herbeigezaubert, löste sich wenig später seine große Gestalt aus der Dunkelheit. Der König ging mit schweren Schritten zu seinem Rudel und ließ sich keuchend auf seinen Platz fallen. Wahrscheinlich hatte er vorgehabt, alle Grenzen des Reviers zu sichern, aber das war in ein paar Stunden unmöglich zu schaffen. Also versuchte er nun etwas anderes: Er wartete, bis er zu Atem gekommen war, und begann dann zu brüllen. Es war ein schnaufendes, gurgelndes Geräusch, das immer wieder auf- und abschwoll. Der Boden, die Luft und jeder einzelne Knochen schienen davon zu vibrieren. In den Pausen ertönte ein fernes Trommeln, als unzählige Huftiere das Weite suchten. Schon bald herrschte ringsum gespenstische Stille. Die Herden hielten es offenbar für klüger, diese Nacht etwas weiter weg zu verbringen. Sie konnten zwar nicht wissen, worum es ging, doch Akidas Brüllen signalisierte dasselbe wie Rauch oder finstere Wolkenberge am Horizont: drohende Gefahr.

Was Lela wohl gerade machte? Gegen seinen Willen malte Nuru sich aus, wie sie im Bau der Hyänen lag. Dort blieben sie und ihre Clangeschwister sicher versteckt, bis der Kampf entschieden war – das bedeutete, Nuru würde sie vielleicht niemals wiedersehen. Im schlimmsten Fall musste er schon bald allein herumirren, weit weg von seinem Rudel. So würde er bestimmt nicht lange überleben, und er wollte sich ein solches Leben auch gar nicht vorstellen:

Ohne Salama, die ihm alles beibrachte, was er als Erwachsener können musste.

Ohne die Tanten, die ihn beschützten.

Ohne klitzekleine Cousins und Cousinen und ohne eine neue, etwas bissige Spielgefährtin.

Wie ein Häufchen Elend kauerte Nuru sich zusammen. Er versuchte, in den Schlaf zu finden, doch anders als sonst war Akida unermüdlich. Mit seiner donnernden Stimme rief er den Eindringlingen wieder und wieder zu: *Ich weiß, dass ihr hier seid. Kommt ja nicht näher, sonst müssen wir kämpfen.* Es klang, als wollte er alles tun, um die Fremden von seinem Rudel fernzuhalten. Nuru aber schoss die Erinnerung durch den Kopf, wie entmutigt Lela zu Akidas Platz geschielt hatte. Sie glaubte, der Löwenkönig würde sich viel tapferer zeigen, als er eigentlich war – und auf einmal fragte sich Nuru, was Akida bei seinem Gebrüll wohl empfand. Strotzte er vor Selbstbewusstsein, kochte er vor Wut ... oder hatte er vielleicht ganz einfach Angst?

19. Kapitel:

Im Morgengrauen

Der nächste Tag brach viel zu schnell an.

Als Nuru die Augen öffnete, hatte der Himmel sich blutrot verfärbt. Dunkle Wolkenfetzen zogen vorbei, und alles ringsum schien nur aus Schatten zu bestehen: die Äste der Akazie, die sich sanft im Wind bewegten, das Versteck der Zwillinge und Akida, der mit erhobenem Kopf im taufeuchten Gras lag. Sein Brüllen war mittlerweile verstummt, sodass man das Zwitschern der Vögel hören konnte.

Er droht nicht mehr, dachte Nuru. Er wartet.

Während die Welt langsam in Farben getaucht wurde, begannen auch Salama und Oyana, sich zu regen. Salama streckte sich wohlig, als hätte sie für einen Augenblick ihre Sorgen vergessen. Dann aber hob sie ruckartig den Kopf. Sie witterte und flehmte mit weit geöffnetem Maul.

Nurus Herz setzte einen Schlag aus.

„Sie kommen." Sofort war Salama auf den Pfoten

und sah sich um. Oyana machte es ihr nach, und Penda, die vor dem Gebüsch geschlafen hatte, eilte zu ihnen. Als sie an Akida vorbeikam, strich sie zaghaft an ihm entlang. Nuru ahnte, was das bedeuten sollte: *Du passt auf unsere Kinder auf, nicht wahr? Du lässt uns nicht im Stich.*

Ein Zucken ging durch Akidas Körper. Wollte er Pendas Berührung vielleicht erwidern? Nuru spürte einen winzigen Anflug von Hoffnung, als der Löwenkönig sich erhob. Sogar im blassen Morgenlicht gab er ein beeindruckendes Bild ab: Seine Mähne umhüllte seine ganze Brust, reichte bis weit über seinen Rücken und ließ ihn sogar noch größer wirken, als er tatsächlich war. Bei diesem Anblick würde sich jeder zweimal überlegen, ob er in die Nähe des Flussrudels kommen wollte!

Mit angespannten Muskeln stellte Akida sich neben die Löwinnen und spähte ebenfalls ins wogende Grasmeer hinaus. Als sein heiseres Brüllen wieder ertönte, wusste Nuru, dass die Fremden nun in Sichtweite waren. Er selbst konnte sie allerdings noch nicht erkennen. Suchend reckte er den Hals, da fuhr Salama zu ihm herum. „In die Büsche, Nuru! Schnell!"

„Ich bin doch ..."

Seine Mutter stieß ihn mit der Schnauze an. „Ja, ich weiß. Du bist schon ziemlich groß und wahrscheinlich der tapferste, dickköpfigste Sohn, den ich je gehabt habe. Aber kannst du nur jetzt, nur zur Abwechslung wieder mein Baby sein und dich bitte verstecken?"

Unter ihrem flehenden Blick schaffte es Nuru nicht mehr zu protestieren. Er trabte zum Gebüsch und zwängte sich hinein, bis er die Zwillinge erreicht hatte. Binti und Sadiki atmeten schnell und flach. Wahrscheinlich verstanden sie nicht genau, was los war, doch zum ersten Mal in ihrem Leben schienen sie sich wirklich zu fürchten. Auch Nuru war für einen kurzen

Moment froh, dass er nun im Verborgenen saß. Dann aber zwang er sich, den Kopf dicht an eine Lücke zwischen den Ästen zu halten und ins Freie zu spähen. Mittlerweile waren die Fremden nur noch wenige Löwenlängen von der Akazie entfernt. Ihr Geruch strömte bis in das Versteck, und Nuru spürte, wie die Zwillinge hinter ihm zu zittern anfingen. Die Fremden rochen nach roher Kraft, nach Selbstbewusstsein und Angriffslust. Nuru konnte nicht begreifen, was ihm daran beim ersten Zusammentreffen gefallen hatte.

Endlich blieb einer der Fremden stehen, der andere kam noch ein paar Schritte auf das Flussrudel zu. Seine Mähne war etwas heller als die seines Bruders, und er hatte eine Narbe quer über dem Nasenrücken. Bei dem anderen entdeckte Nuru Kratzspuren an der Flanke. Die beiden mochten jünger sein als Akida, waren aber genauso groß – und hatten offensichtlich schon Erfahrung im Kämpfen.

Der Hellblonde ließ seinen Blick mit hoch erhobenem Kopf über Akida und die Löwinnen wandern. „Seid gegrüßt! Ich bin Musa, und das ist mein Bruder Hasani. Wir freuen uns, das Rudel dieses Reviers endlich kennenzulernen."

„Die Freude ist ganz auf eurer Seite." Nuru hörte ein dumpfes Grollen. Zwar sah er Akida nur von hinten, aber der Löwenkönig stand in breitbeiniger Abwehrhaltung da. Bestimmt zeigte er seine mächtigen Fangzähne, während er den Fremden mit jeder Faser seines Körpers drohte.

Musa tat, als würde er nichts davon bemerken. Unbekümmert musterte er weiter die Löwinnen, die allesamt misstrauisch die Köpfe eingezogen hatten. „Ihr seid zwar nicht viele, aber es sieht aus, als hättet ihr ein paar starke Jägerinnen", meinte er.

„Haben wir. Sonst noch was?" Akidas leises Grollen steigerte sich zu einem Knurren. Jetzt konnte Musa es nicht mehr ignorieren. Er schüttelte seine Mähne und bewegte den Kopf fast spielerisch hin und her.

„Nun komm aber. Wer wird denn so unfreundlich zu seinen Gästen sein?", fragte er mit selbstsicherem Spott.

„Ihr seid keine Gäste", gab Akida zurück. „Ich kann mich nicht erinnern, euch eingeladen zu haben!"

Da trat der andere Löwe an die Seite seines Bruders. Nuru hatte geglaubt, Hasani wäre aus Vorsicht im Hintergrund geblieben, aber vielleicht hatte er nur auf den passenden Moment gewartet. Anders als Musa wirkte er nicht, als wollte er sich bloß über Akida lustig machen. Sein Schwanz peitschte bedrohlich durch die Luft, während er den König anstarrte. „Tja, Anführer des Flussrudels – wir hatten nicht das Gefühl, eine Einladung zu brauchen. Die Grenzen dieses Reviers wirken vernachlässigt, obwohl das Gebiet so viele Vorteile hat. Allein der Fluss und die vorbeiziehenden Herden sind ein riesiges Glück." Hasani drehte den Kopf, um in Salamas Richtung zu wittern. „Vielleicht", fügte er langsam hinzu, „sollten die Jägerinnen mit jemandem zusammenleben, der dieses Glück mehr zu schätzen weiß."

Salama zuckte leicht, erlaubte sich aber ansonsten keine Reaktion. Dies war der große Augenblick des Königs, das spürte auch Nuru. Die Drohung der Brüder hing schwer und finster über dem Rudel. Nun musste Akida die beiden fortjagen, so entschlossen, dass sie niemals zurückkehrten.

Du schaffst es, dachte Nuru. Bitte. Du bist mutig und stark, und du hast es versprochen!

Totenstille kehrte ein, während Akida und die Brüder einander mit ihren Blicken maßen. Es war, als hielte die ganze Savanne den Atem an. Nuru hörte bloß ein Rascheln hinter sich, das von den zwei bibbernden kleinen Körpern in den Zweigen stammte. Als hätte Akida dieses Rascheln ebenfalls vernommen, drehte er plötzlich den Kopf. Für einen Moment sah Nuru das Gesicht seines Vaters, und das Morgenlicht war inzwischen hell genug, sodass er jede Einzelheit erkennen konnte: die abgenutzten, gelb verfärbten Zähne und den müden Blick. Wie matt das Braun von Akidas Mähne wirkte, und wie dünn das Fell über seiner Schnauze …

Zum allerersten Mal begriff Nuru, dass Akida wirklich alt war. Die Jahre hatten ihn geschwächt und gezeichnet, aber er war auch klug. Der König wusste ganz genau, was er tun musste, um zu überleben. Deshalb stahl er den Hyänen ihre Beute, wenn ihm die Kraft zum Jagen fehlte – und aus demselben Grund begann er jetzt zu rennen.

20. Kapitel:

Der Kampf

Wie gelähmt kauerte Nuru hinter den Zweigen. Die schreckliche Wahrheit wurde ihm nur langsam bewusst: Akida war fortgelaufen – er hatte das Flussrudel für immer verlassen. Von nun an würde er durch fremde Reviere wandern, Beute stehlen und sich allein durchschlagen. Den Löwenkönig gab es nicht mehr.

Vielleicht hätte Nuru Wut oder Trauer empfinden sollen, aber die Angst fraß alles andere auf. Als er den Kopf drehte, sah er, dass Musa und Hasani den Löwinnen noch etwas näher gekommen waren. Musa hatte wieder eine heitere, fast verspielte Miene aufgesetzt: Sein Maul war leicht geöffnet, die Ohren zeigten nach oben. Es sah aus, als freute er sich auf das, was nun kommen würde.

„So weit, so gut", sagte er. „Endlich können wir uns in Ruhe damit beschäftigen, was wir mit euch vorhaben."

„Und was wäre das?" Salama fletschte die Zähne. Die anderen Löwinnen schienen noch Mühe zu haben,

Akidas Verrat zu begreifen. Sie starrten der fernen Gestalt hinterher, bis Hasani sich vor ihnen aufbaute. Ein verärgertes Grollen drang aus seiner Brust, und er durchbohrte Salama regelrecht mit seinem Blick.

„Deine Feindseligkeit ist unangebracht, Jägerin!", fuhr er sie an. „Du solltest dich freuen, dass wir hier sind. Mein Bruder und ich sind junge, tapfere Beschützer. Anführer, die jede Mühe auf sich nehmen würden, um für eure Sicherheit zu sorgen!"

Unvermittelt trat Penda nach vorn. „Ihr wollt also auf unser Rudel aufpassen?", fragte sie. „Auf das *ganze* Rudel?" Ihr Kopf bewegte sich ruckartig hin und her, und Nuru ahnte, dass sie von einem Bruder zum anderen schaute.

„Aber natürlich", schnurrte Musa. „Wir kümmern uns um jeden von euch." Doch während er mit sichtlichem Gefallen in Pendas Richtung schnüffelte, wanderte der Blick seines Bruders an den Löwinnen vorbei.

Er hat uns gewittert, durchzuckte es Nuru, und sein Herz schien sich fast zu überschlagen. Obwohl wir so gründlich geputzt wurden, weiß er ganz genau, dass wir hier sind!

Im nächsten Moment fixierte Hasani auch schon das Gebüsch. Es kam Nuru so vor, als starrte ihm der Fremde direkt in die Augen. „Da gibt es nur eine klitzekleine Ausnahme“, verkündete er.

„Als Anführer wollen wir selbstverständlich auch Nachwuchs haben. Die Jungen, die bereits hier sind, werden also nicht länger gebraucht.“

„Nein!“ Fauchend sprang Salama neben ihre Schwester. „Wenn das euer Angebot ist, weisen wir es zurück!“

Musa reckte so stolz den Hals, als fühlte er sich bereits wie der König. „Ich fürchte, ihr habt uns falsch verstanden“, meinte er. „Das ist nicht unser *Angebot*. Es ist unser Beschluss.“ Er wandte sich zur Seite und spähte nun ebenfalls an den Löwinnen vorbei. Zwar wusste er nicht genau, an welcher Stelle die Jungen hockten, aber das würde er schnell herausgefunden haben. Binti und Sadiki zitterten mittlerweile so stark, dass das Rascheln der trockenen Blätter kaum zu überhören war. Saßen sie tief genug zwischen den Ästen? Konnte man sie vielleicht mit einem Prankenhieb erreichen?

Das Knurren der Löwinnen wurde immer lauter. Verzweifelt drängten sie sich vor die Brüder, doch die beiden wirkten völlig unbeeindruckt. Auch sie kannten die Gesetze der Savanne, und Akidas Flucht hatte deutlich bewiesen, dass niemand sich gegen zwei ausgewachsene Löwen stellen wollte: *Der Stärkere siegt. So ist es, so war es, und so wird es immer sein.*

Während die Löwinnen sich gemeinsam bemühten, Musa auf Abstand zu halten, ging Hasani einfach an ihnen vorbei. Unaufhaltsam steuerte er auf die Buschgruppe zu, und Nuru krabbelte in hilfloser Panik nach hinten. Als er sich gegen Binti drängte, gab sie ein leises Fiepen von sich. Hasani hatte es gehört, das merkte man am Zucken seiner Ohren. Er war dem Versteck nun schon so nahe, dass Nuru die schwarzen Flecken auf seiner Nase sehen konnte, und die Spitzen seiner unverbrauchten Zähne.

Der Stärkere siegt. So ist es, so war es ...

Und dann, ganz plötzlich, musste Nuru an das Gnu

am Flussufer denken. Ein Pflanzenfresser ohne Krallen oder Fangzähne, nur wenige Schritte von einer hungrigen Löwin entfernt. Eigentlich wäre es die perfekte Beute gewesen – aber es hatte sich geweigert, das zu sein. Indem es auf Salama losgegangen war, hatte es alle Gesetze auf den Kopf gestellt.

So wie das Zebra, das sich nicht dem Krokodil ergeben wollte, dachte Nuru.

So wie ein kleiner Löwe, der seinem Feind entgegenspringt.

Nuru wusste später selbst nicht, woher er den nötigen Mut genommen hatte. Auf einmal schoss er durch die Lücke zwischen den Ästen und brüllte lauter, als es ihm je zuvor gelungen war. Hasani blieb stehen, eine seiner mächtigen Pranken noch in der Luft. Auch Musa starrte ungläubig zu ihnen herüber. Dann schüttelte er seine Mähne, als wollte er die Verblüffung loswerden, und nahm erneut seine selbstbewusste Haltung ein.

„Was ist *das* denn?", höhnte er. „Ein Halbwüchsiger, der um sein Rudel kämpfen will?"

„Ein Halbwüchsiger, der seinen Platz nicht kennt." Hasanis Lefzen hoben sich, während er den Kopf in

Nurus Richtung streckte.
„Aber es wird ihm genauso ergehen wie einem hilflosen, neugeborenen Baby."

Wieder kam von den Löwinnen ein Knurren, doch die Brüder beachteten es nicht. Nuru aber, der bibbernd vor den Büschen stand, hörte es genau – und er merkte, wie sehr sich der Klang verändert hatte. Dann sah er einen riesigen, sandfarbenen Blitz, der in Hasanis Körper einschlug.

Oyana, die sanftmütige, stille Oyana, hatte sich auf den Fremden gestürzt. Während sie kratzte und biss, steigerte sich ihr Knurren zu einem wilden Gebrüll. „Lasst unsere Kinder in Ruhe!", schrie sie mit der ganzen Kraft ihrer Lungen. „Lasst sie in Ruhe und verschwindet, sonst werdet ihr es bereuen!"

Musa wollte seinem Bruder zu Hilfe kommen, doch Salama war schneller. Schon hatte sie ihn erreicht, warf die Pranken um seinen Nacken und riss ihn zu Boden. Penda rannte zu den Büschen und baute sich mit gefletschten Zähnen davor auf. Bisher hatte sie nur hilflos gedroht, gefleht und gehofft. Jetzt gab sie den Fremden ein klares Versprechen: Wer an ihr vorbeiwollte, würde sie zuerst töten müssen.

Nuru war instinktiv zur Seite geflüchtet, nun konnte er nicht mehr zu Binti und Sadiki. Er wusste auch, dass er den Löwinnen nicht helfen konnte, sondern vielmehr ihr wunder Punkt war: Wenn sie auf ihn achten mussten, waren sie abgelenkt. Also duckte er sich ins Gras und beobachtete den ungleichen Kampf. Die Löwinnen waren kleiner und leichter als die Brüder, aber sie hatten viel mehr zu verlieren. Die Angst um ihre Jungen schien keine Schmerzen durchzulassen. Immer wieder griffen sie an, egal, wie heftig die Brüder sich wehrten. Die Morgenluft war erfüllt von Knurren, Fauchen und hochwirbelndem Staub. Auf einmal befreite Musa sich aus dem Kampfgetümmel, schlug einen Haken und galoppierte davon. Hasani blieb noch einen Moment lang in dem Durcheinander aus Pfoten, Schwänzen und Mäulern, ehe er seinem Bruder folgte. Die beiden flohen so weit, dass man sie nicht mehr voneinander unterscheiden konnte. Dann hielten sie inne, und es wirkte, als würden sie sich miteinander beratschlagen.

Tat es ihnen leid, dass sie klein beigegeben hatten? Würden sie gleich zum Kampfplatz zurückkehren?

Die Löwinnen schienen genau das zu befürchten. Tapfer blieben sie bei den Büschen stehen, die Köpfe nach vorn gereckt. Wenn die Brüder zurückkamen, wollten sie weiterkämpfen – so lange, bis Musa und Hasani endgültig aufgaben. Allerdings sahen die drei nicht aus, als hätten sie noch genügend Kraft. Salama blutete aus einer Bisswunde an der Schulter, und die Tanten hatten tiefe Kratzer abbekommen. Außerdem keuchten sie so stark, dass ihre Flanken bebten.

Gerade machte Penda Anstalten, sich hinzulegen, da setzten die Brüder sich wieder in Bewegung. Vielleicht hatten sie aus der Ferne sehen können, wie

erschöpft die Löwinnen waren. Erst schlichen sie noch zögernd, dann verfielen sie in einen Trab. Wohl oder übel richtete Penda sich auf, Salama fuhr hastig mit der Zunge über ihre Wunde, und Oyanas Brustkorb dehnte sich mit einem mühsamen, tiefen Atemzug. Dann schauten die Löwinnen Musa und Hasani todesmutig entgegen. Immer schneller stürmten die Brüder auf das Flussrudel zu – und bremsten plötzlich ab.

Ein Kichern durchbrach die Stille. Ein schrilles, aufgeregtes Giggeln. Im nächsten Moment tauchte ein Kopf mit einem zerfledderten Ohr aus dem Grasmeer auf, und Lelas Clanschwester Kesi kreischte aus vollem Hals: „LÖWEN! Fremde, nervige Riesenlöwen *in unserem Revier!*"

21. Kapitel:

Zwei Königinnen

Schon als kleiner Welpe hatte Nuru gelernt, dass es in der Savanne ein paar sehr klare Regeln gab. Er wusste, wann er spielen, fressen oder sich versteckt halten sollte, und er hatte eine Vorstellung davon, wie die Welt um ihn herum funktionierte.

Löwinnen kämpfen nicht, sie gehen bloß auf die Jagd.

Männliche Löwen gewinnen immer.

Hyänen sind feige und ergreifen im Ernstfall lieber die Flucht.

Doch an diesem Morgen lernte Nuru vielleicht die wichtigste Lektion seines Lebens: Hin und wieder waren diese Gesetze vollkommen egal.

Ein vielstimmiges Johlen erfüllte die Luft, als der Hyänenclan auf Musa und Hasani zustürmte. Keine der Hyänen hielt den Kopf oder Schwanz gesenkt. Sie sahen überhaupt nicht feige aus, und genau das schien die Löwenbrüder in Panik zu versetzen.

„Was habt ihr hier zu suchen?“, brüllte Hasani, den Rücken vor Schreck und Verwirrung gekrümmt.

Auch von Musas Gelassenheit war nicht mehr viel übrig. Er duckte sich genau wie sein Bruder und stieß ein aufgeregtes Knurren aus, während die Hyänen näher kamen. „Zurück, ihr Biester! Dieser Kampf geht euch nichts an!“

Die Antwort war ein hämisches Kreisch-Konzert. „Tut er doch, tut er doch! – Wir beißen jetzt in euch ein Loch!“ Mit aufgerissenen Mäulern sprangen die ersten Hyänen Musa und Hasani entgegen. Die beiden Löwen schlugen mit den Pranken, aber ihre Angreifer waren zu flink und zu zahlreich. Sogar aus der Ferne konnte Nuru erkennen, dass die Brüder ihre Ohren eng an die Köpfe gelegt hatten. Auf einmal sahen sie längst nicht mehr so riesig und einschüchternd aus. Hektisch drehten sie sich von einer Seite zur anderen, setzten sich kurz ins Gras, weil sie von hinten gezwickt wurden, und bemühten sich dann erneut, den Clan abzuwehren. Nuru schaute so gebannt dabei zu, dass er kaum noch auf seine Mutter und die Tanten achtete. Erst, als er Salama schnaufen hörte, schaute er wieder zu ihr. Sie hatte die Augen weit aufgerissen, und ihre Ohren zuckten fieberhaft.

„Seht ihr das?“, stieß sie hervor. „Sie kämpfen gar nicht mehr richtig gegen die Hyänen. Sie versuchen bloß, sich den Weg frei zu räumen!“

Tatsächlich: Als es Musa gelang, Fledderohr-Kesi zu packen, schleuderte er sie nur ein Stück zur Seite. Sie rollte über den Boden, kam aber schnell wieder auf die Beine. Im Kreis der Hyänen hatte sich eine Lücke aufgetan, und die Brüder nutzten sie sofort. Hals über Kopf preschten sie hindurch und stockten dann kurz, um sich für einen Fluchtweg zu entscheiden: dorthin zurück, von wo sie gekommen waren – oder tiefer in das Flussrevier hinein.

Unschlüssig flackerten ihre Blicke zum Akazienbaum. *Wir könnten doch ...*, schienen sie zu denken, während ihre Kampfeslust ein letztes Mal aufblitzte. Penda, Oyana und Salama gingen ein paar Schritte auf die Brüder zu. Schulter an Schulter bauten sie sich auf, und ihre angespannten Körper waren eine einzige stumme Drohung.

Nein, könnt ihr nicht. Es wäre jedenfalls eine ganz dumme Idee.

In diesem Moment schienen auch die Brüder zu begreifen, dass die Rangordnung der Savanne keine Bedeutung mehr hatte. Sie waren die Stärksten, sie waren zukünftige Könige und die gefährlichsten Wesen weit und breit. Trotzdem blieb ihnen nichts anderes übrig, als sich diesen zornigen Müttern, Tanten und Schwestern zu ergeben. Ein letztes Mal schauten Musa und Hasani hilflos in die Runde, dann flohen sie ins offene Grasland.

„Ach, wie schön! Ihr wollt schon gehen? Dann auf Nimmerwiedersehen!", pfiff und jaulte es hinter ihnen her, während ihre blonden Mähnen mit dem Morgenlicht verschmolzen. Schon bald sah man nur noch zwei leuchtende Staubwolken am Horizont. Als sich auch diese letzte Spur verflüchtigt hatte, kehrte allmählich Stille ein.

Die Hyänen wirkten so entspannt, als hätte es den Kampf niemals gegeben. Ohne besondere Hast entfernten sie sich, nur eine von ihnen – die größte, kräftigste – blieb noch eine Weile stehen. Mit hoch erhobenem Kopf schaute sie Salama in die Augen, und Salama schaute zurück. Nuru verstand diesen Blick genau: Die Königinnen grüßten einander.

Danke, dass ihr die Eindringlinge aus unserem Revier verscheucht habt, schien die eine zu sagen.

Aus *unserem* Revier. Also nichts zu danken, entgegnete die andere hoheitsvoll.

Langsam spazierte nun auch die Anführerin der Hyänen davon, und die Löwinnen gaben ihre starre Haltung auf. Nuru wurde fast umgeworfen, als Salama sich an ihn drückte.

„Wir haben es geschafft, mein Sohn", hörte er sie leise brummen. „Niemand wird unsere Familie auseinanderreißen. Jetzt ist alles wieder gut."

Dann eilte sie mit Penda und Oyana zum Versteck in den Büschen, um nach den Zwillingen zu sehen. In diesem Moment begriff Nuru erst so richtig, dass die Gefahr vorüber war. Die fremden Brüder hatten viel zu jämmerlich verloren, um jemals wieder einen Angriff zu wagen. Sie würden sich ein anderes Revier suchen, und das Flussrudel war frei ... genau wie der Clan der Hyänen. Als wäre dieser Gedanke ein Lockruf gewesen, tauchte Lela aus dem Grasmeer auf wie ein Flusspferd aus trübem Wasser. „Naaa?", fiepte sie, und ihr orangerotes Haarbüschel schien im Morgenlicht zu glühen.

Nuru wunderte sich nicht mal mehr über ihr plötzliches Erscheinen. Er lief einfach auf sie zu, und die beiden beschnüffelten einander auf eine Art, die in der Savanne ein breites Grinsen bedeutete. „Selber na“, gab Nuru locker zurück, obwohl er ihr vor Freude gern ein Ohr abgekaut hätte. „Du kommst ja ziemlich spät!“

„Ich war die ganze Zeit schon da“, erwiderte Lela mit stolzgeschwellter Brust. „Immerhin war *ich* diejenige, die meinen Clan hierhergeführt hat! Und wie ich sehe, hab ich mal wieder aaalles richtig gemacht. Hier wird uns nicht so bald ein neuer Löwenkönig auf die Nerven gehen, was?“

Nuru warf einen Blick über die Schulter und sah, wie die Löwinnen Binti und Sadiki ins Freie holten. Fröhlich kullerten die Zwillinge durchs Gras, als hätten sie ihre Angst bereits vergessen. Ihre Welt schien wieder in Ordnung zu sein, obwohl es darin keinen Anführer mehr gab.

Salama hatte recht: Von nun an durften sie sicher zusammenbleiben, und niemand konnte ihnen ihr Zuhause wegnehmen. Darauf kam es an.

Tief durchatmend wandte Nuru sich wieder an Lela. „Meine Mama und die Tanten werden bestimmt keinen neuen König akzeptieren, bis wir ausgewachsen sind. Das heißt, sie müssen von jetzt an alles allein machen: Futter suchen, die Kleinen beschützen ... Aber ich glaube, sie schaffen das."

„Natürlich schaffen sie das!", stimmte Lela zu und wackelte keck mit den Ohren. „Um ehrlich zu sein, kommen mir Löwenmännchen sowieso ziemlich nutzlos vor."

„Es gibt aber auch Ausnahmen!", protestierte Nuru. Er reckte sich, sodass man seine Mähne unmöglich (also, wirklich auf gar keinen Fall!) übersehen konnte. Als er dann nach unten schielte, stellte er fest, dass Lela ihn ernsthaft betrachtete.

„Na schön, du hast recht", meinte sie schließlich. „Ich sehe hier eine ganz besondere Art von Männchen."

„Eben", sagte Nuru zufrieden.

„Ein echt tolles Männchen."

„Danke. Treffen wir uns zu Mittag wieder?"

„Au ja, wenn die anderen schlafen. Ich riech dich später!" Und während Nuru zu seiner Familie lief, hörte er seine Freundin gerade noch quietschen: „Nuru, Prinz des Flussrudels – das tollste Erdmännchen weit und breit."

Und wie ist das alles wirklich?

Hallo, du!

Schön, dass du Nuru und Lela bis hierher begleitet hast. 😀 Eine Freundschaft wie ihre wäre in der Natur sehr ungewöhnlich, aber auf YouTube findet man Videos von kleinen Hyänen und Löwen in Zoos, die miteinander herumtollen. Die Jungen spielen so gerne, dass sie noch gar nicht an spätere Feindschaften denken.

Doch was hat es eigentlich mit dem Hass auf sich, den es zwischen erwachsenen Löwen und Hyänen in freier Wildbahn zu geben scheint? Hängt er damit zusammen, dass Löwen „gut" und Hyänen „böse" sind? – Überhaupt nicht! Die beiden fühlen sich einfach nur als Rivalen, weil sie dasselbe fressen: vor allem Antilopen, Gazellen, Zebras, Gnus und Büffel. Wenn sich gerade nur wenige von diesen Beutetieren im Revier aufhalten, wird der Wettkampf um Nahrung natürlich groß, und dadurch auch die „Feindschaft" zwischen den Konkurrenten.

Es ist allerdings ein falsches Vorurteil, dass Hyänen den Löwen ständig das Futter wegnehmen. Löwen stehlen mindestens genauso oft ihren Rivalen die Beute! Hyänen sind nämlich geschickte Jäger und keine so dummen Fieslinge, wie wir sie aus *Der König der Löwen* kennen. Zwischen Löwen und Hyänen gibt es viele Unterschiede, aber auch Gemeinsamkeiten: Zum Beispiel gehören sie beide zu den Katzenartigen, obwohl Hyänen an Hunde erinnern.

Ein Löwenrudel besteht aus mehreren Weibchen, die meistens miteinander verwandt sind, ihren Jungen und wenigen (oder nur einem) erwachsenen Männchen. Gemeinschaft und Zusammenhalt sind den Löwinnen sehr wichtig. Sie gehen oft im Team jagen, kümmern sich mit vereinten Kräften um ihre Babys, und es wird viel gekuschelt. Die Männchen verhalten sich je nach Charakter unterschiedlich, bleiben aber eher am Rand der Gruppe. Sie können zwar sehr wohl selbst jagen, machen es allerdings nur, wenn es sich nicht vermeiden lässt. Ihre Aufgabe ist es, das Rudel zu beschützen. Sie markieren die Grenzen ihres Reviers mit Kot, Urin und Kratzspuren und lassen auch mit ihrem Gebrüll alle wissen, dass sie die Herrscher sind.

Weibchen bleiben normalerweise ihr Leben lang bei dem Rudel, in dem sie geboren wurden. Wenn Männchen mit zwei, drei Jahren erwachsen werden, müssen sie ihre Familie verlassen. Sie schließen sich oft mit anderen jungen Löwen zusammen und wandern gemeinsam umher, bis sie stark genug sind, ein eigenes Rudel zu erobern. Dafür müssen sie den König dieses Rudels besiegen oder vertreiben. So wie Akida lassen es die Alten manchmal gar

nicht zu einem Kampf kommen, sondern ergreifen lieber die Flucht. Von da an leben sie meistens als Einzelgänger ohne eigenes Revier.

Die neuen Könige kümmern sich gut um die erwachsenen Löwinnen und beschützen sie, wollen aber keine fremden Jungen großziehen. Ein Herrscher-Wechsel kann also tödlich für die Kleinen enden! Wie in der Geschichte des Flussrudels kommt es auch in Wirklichkeit vor, dass die Löwinnen um das Leben ihrer Kinder kämpfen, doch nur selten haben sie dabei Erfolg.

Im Clan der Tüpfelhyänen haben die Weibchen das Sagen. Oft sind sie sogar größer und stärker als die Männchen, und an der Clan-Spitze steht eine Anführerin. Auch alle anderen Mitglieder haben einen bestimmten Platz in der Rangordnung. Babys erben den Rang ihrer Mütter und beginnen ab der Geburt, diese Position zu verteidigen. Wenn sie Streit mit jemandem anfangen, der im Rang unter ihnen steht, werden sie von ihren Müttern und anderen nahen Verwandten unterstützt. So lernen sie nach und nach den gesamten Aufbau ihres Clans. Sie merken sich auch, wer ihre Verbündeten sind, und überlegen genau, wem sie selbst bei Streitigkeiten helfen wollen. Und das in einem Clan, der aus hundert oder sogar mehr Tieren bestehen kann – da soll noch jemand behaupten, Hyänen wären dumm!

Genau wie Löwen haben Hyänen ein Revier, das sie gegen Eindringlinge verteidigen. Und auch bei ihnen müssen die Männchen aus diesem Revier fortziehen, sobald sie erwachsen sind. Sie schließen sich dann einem neuen Clan an, in dem sie noch niemanden kennen und keine Verbündeten haben. Deswegen landen sie in der Rangordnung automatisch ganz unten. Damit sie überhaupt Nachwuchs zeugen können, müssen sie sich erst bei den Weibchen beliebt machen. Am Großziehen der Jungen sind sie dann nur wenig beteiligt.

Die Babys, die bei der Geburt ein ganz dunkles Fell haben, werden in den ersten paar Lebenswochen noch von ihrer Mutter versteckt – genau wie kleine Löwen. Später wohnen alle zusammen in einer Art Kinderstube unter der Erde. Anders als die Löwinnen füttern Hyänenmütter nur ihre eigenen Babys. Sie haben sehr nahrhafte Milch und säugen ihre Jungen ungewöhnlich lange, obwohl die Kleinen schon weit entwickelt zur Welt kommen: mit offenen Augen und spitzen Zähnchen. Einige Hyänenkinder dürfen sogar zwei Jahre lang bei ihren Müttern trinken, wohingegen Löwenkinder sich mit ungefähr sechs Monaten komplett auf Fleischnahrung umstellen müssen. Vielleicht brauchen Hyänen einfach so viel Zeit und Zuwendung, um die komplizierte Ordnung ihres Clans zu begreifen ...

Auf der Jagd verhalten sich Löwen und Hyänen sehr unterschiedlich. Löwen sind große, schwere Muskelpakete und daher nicht besonders ausdauernd beim Rennen. Sie müssen sich an ihre Beute anschleichen, sie schnell packen und niederreißen. Hyänen hingegen sind gute Läufer und können mit Huftieren locker mithalten. Schleichen ist für sie nicht notwendig!

Auch beim Fressen sind Hyänen alles andere als leise. Tatsächlich machen sie so viel Lärm, dass sie damit häufig Beuteräuber – also Löwen – anlocken. Aber ihr Zetern und Kreischen ist notwendig, um Streitigkeiten zu klären. Bei Löwen frisst immer das Männchen zuerst, dann sind die Weibchen an der Reihe, und die Jungen müssen meistens warten, ob für sie noch etwas übrig bleibt. Hyänen drängen sich oft in einem wilden Haufen um ihre Beute. Würden sie sich dabei vor allem mit ihren Zähnen gegen die anderen durchsetzen, wäre jede Mahlzeit eine schmerzhafte Angelegenheit: Dank ihrer starken Kiefer können Hyänen extrem fest zubeißen!

Das typische schrille Kichern, das in solchen Situationen erklingt, hat nichts mit Fröhlichkeit zu tun. Es ist ein Zeichen für Aufregung oder Frust und wird zum Beispiel von Hyänen ausgestoßen, die durch ranghöhere Tiere verdrängt werden. Wegen

dieses Geräuschs nehmen wir Hyänen irrtümlich als spöttisch, unheimlich oder fies wahr. Verglichen mit Löwen sehen sie für unseren Geschmack vielleicht auch „hässlich" aus. Ihre bucklige Gestalt ist aber gerade beim Streit um Futter sehr nützlich, denn dank ihrer langen Vorderbeine und der kräftigen Hälse schaffen sie es, Beuteteile geschickt davonzuschleppen.

Die große Tierwanderung klingt wahrscheinlich so fantastisch, als hätte ich sie erfunden. Es gibt sie aber wirklich, und du musst dir unbedingt Bilder oder Videos von diesem beeindruckenden Naturschauspiel ansehen! Fast zwei Millionen Gnus und Hunderttausende Zebras ziehen jedes Jahr durch Tansania und Kenia, von einem Weideland zum nächsten. Würden sie dauerhaft am selben Ort bleiben und dort das Gras immer wieder abfressen, könnten sich die Pflanzen nie erholen. Irgendwann käme kein neues Grün mehr nach, schon gar nicht genug für so viele Tiere.

Also machen sich die unfassbar riesigen Herden auf diese gefährliche Reise, die einige von ihnen mit dem Leben bezahlen. Sie müssen zwei große Flüsse durchqueren und treffen auf hungrige Raubtiere, die schon sehnsüchtig auf ihre Ankunft gewartet haben. Das ist zwar tragisch für die einzelnen Gnus oder Zebras, muss aber so sein. Würde niemand auf sie Jagd machen, könnten die Herden irgendwann zu groß werden, und vor allem gäbe es

dann auch viele kranke Tiere. Die Kranken und Schwachen sind nämlich die häufigste Beute.

Übrigens verhindern gerade die „unbeliebten“ Aasfresser wie Geier, Krokodile und Hyänen auf besonders effektive Weise, dass sich Krankheiten ausbreiten. Sie sind sozusagen die Putzkolonnen der Savanne und fressen Kadaver vollständig auf. Hyänen können die dicksten Knochen zerknacken, und ihre Magensäure kommt mit Dingen zurecht, die für andere Tiere schädlich wären.

Wenn man es so betrachtet, gibt es eigentlich keine richtigen Feindschaften unter den Bewohnern der Savanne. Sie alle sind aufeinander angewiesen, damit die Natur im Gleichgewicht bleibt. Vor einigen Jahren wurden in Tansania Pläne geschmiedet, eine Straße mitten durch die Strecke der Herden zu bauen.

Das wäre das Ende der Tierwanderung gewesen. Die Herden hätten nicht mehr genug Nahrung gefunden und wären stark geschrumpft – dadurch wären logischerweise auch viele Raubtiere verhungert. Außerdem hätte es durch das fehlende Abweiden der hohen, trockenen Grashalme immer mehr Brände gegeben. Eine Gefahr für alle Tiere der Savanne! Zum Glück wurde der Straßenbau durch heftige Proteste auf der ganzen Welt gestoppt. An diesem Beispiel sieht man, wie wichtig es ist, die Natur besser verstehen zu lernen. Nur so können wir die Wunder unserer Erde beschützen.

Kira Gembri wurde 1990 in Wien geboren. Noch während ihres Studiums der Vergleichenden Literaturwissenschaft begann sie, Geschichten für Kinder und Jugendliche zu schreiben. Ihre Liebe zu Büchern teilt sie mit ihrer kleinen Tochter – die allerdings keine Autorin werden möchte, sondern Tierschützerin. Außerdem gibt es da noch Findus, den Kater. Er ist zwar nur vier Kilo schwer, hat aber eindeutig das Herz (und den Appetit!) eines Löwen.

Jennifer Coulmann wuchs am grünen Rand Hamburgs auf, und schon seit der Grundschule gibt es für sie nichts Schöneres, als sich auf dem Papier Geschichten auszudenken. Besonders mag sie Tiergeschichten, deshalb ließ sie sich schon immer gern von Natur-Dokumentationen inspirieren – vor allem, wenn sie in der Serengeti gedreht wurden.
Im gemütlichen Münster studierte sie dann Design mit dem Schwerpunkt Illustration und arbeitet seit ihrem Abschluss 2014 als freischaffende Illustratorin und Autorin.

Band 2
ISBN 978-3-7432-1171-1

Band 1
ISBN 978-3-7432-1136-0

Die Welt der Tiere hält so viele Wunder bereit!

Der Wald ist wunderschön und voller Geheimnisse. Doch das Leben der Tiere dort ist auch gefährlich. Komm mit auf eine Reise in die dichten Wälder!

Loewe
Das will ich lesen!

Band 2
ISBN 978-3-7432-0838-4

Band 1
ISBN 978-3-7432-0837-7